苏/州/职/教/口/袋/丛/书

职校班主任 100 问

○ 苏州市职教学会 编著

苏州大学出版社
Soochow University Press

图书在版编目(CIP)数据

职校班主任 100 问 / 苏州市职教学会编著. —苏州:苏州大学出版社,2020.6
(苏州职教口袋丛书)
ISBN 978-7-5672-2953-2

Ⅰ.①职… Ⅱ.①苏… Ⅲ.①职业教育-班主任工作-问题解答 Ⅳ.①G715-44

中国版本图书馆 CIP 数据核字(2019)第 227834 号

书　　名:	职校班主任 100 问
编　　著:	苏州市职教学会
责任编辑:	刘一霖
助理编辑:	杨　柳
出版发行:	苏州大学出版社(Soochow University Press)
社　　址:	苏州市十梓街 1 号　邮编:215006
印　　刷:	苏州市深广印刷有限公司
网　　址:	www.sudapress.com
邮购热线:	0512-67480030
销售热线:	0512-67481020
开　　本:	889 mm×1 194 mm　1/48　印张:4　字数:81 千
版　　次:	2020 年 6 月第 1 版
印　　次:	2020 年 6 月第 1 次印刷
书　　号:	ISBN 978-7-5672-2953-2
定　　价:	33.00 元

凡购本社图书发现印装错误,请与本社联系调换。
服务热线:0512-67481020
苏州大学出版社邮箱:sdcbs@suda.edu.cn

《职校班主任100问》
编 委 会

主　任：项春雷
副主任：赵益华　李　丽
　　　　刘金桥　孙　华
委　员：周　新　沈　文
　　　　张秩群　杜艳红
　　　　顾　蕊　花　艳
　　　　梅　娟　徐鸣娟
　　　　赵　云

序一

2016年6月,在苏州多所优秀职业学校的共同努力下,《职校班主任工作100问》——职校班主任工作口袋丛书的第一个"孩子"降生了。本书一经出版便引起了强烈的反响。许多外省市的学校也纷纷来电购买。本书成了广大职校班主任育人工作的操作手册和智慧宝典,在学校的日常教育管理中发挥了不小的作用。

岁月不居。一晃来到了2019年。

2019年1月,《国家职业教育改革实施方案》出台。一阵职业教育改革图新的春风在全国数百万职业教育工作者的心中激起阵阵涟漪。该方案指出,要坚持以习近平新时代中国特色社会主义思想为指导,把职业教育摆在教育改革创新和经济社会发展中更加突出的位置。11月,《教育部办公厅关于加强和改进新时代中等职业学校德育工作的意见》颁布，明确要求"推动建设名班主任工作室，广泛开展班主任业务能力提升活动，大力提升班主任的业务素养和育人能力"。职业教育的改革发展已然站在了一个新的历史起点上。德育工作在新时代中等职业学校教育中承担着更为重要的职责。而加快发展现代职业教育，切实做好中等职业学校德育工作，离不开优秀的班主任。班主任既是学生行为的管理者，也是学生思想的引导者。职业学校完成好"立德树人"的根本任务离不开班主任群体的辛勤劳动。职业学校培养高素质劳动者、技术技能人才和担当民族复兴大任的时代新人离不开班主任群体的无私付出。

时节如流。从 2016 年到 2019 年，在这几年里，中国经济发生了巨大的变化，党和政府也制定了相应的宏伟战略。我们的这本小册子也是时候换新颜了。在本书的使用过程中,我们收集了大量一线德育管理者和班主任的宝贵意见和建议。在此基础上,我们结合新时代的要求,经过修订、增补和打磨,推出了这本《职校班主任100问》。本书在原有的入学教育、常规管理、班集体建设、班级活动、守纪教育、住宿管理、实习管理、突发事件、家校合作、班主任成长、创新创业11个模块的基础上,增加了心理健康教育的内容,全方位地给班主任们提供了在新形势下做好职业教育班主任工作的121个锦囊妙计。

"十三五"时期是苏州率先全面建成小康社会的决胜阶段和积极探索开启基本实现现代化建设新征程的重要阶段。职业教育对经济社会发展具有基础性、先导性和全局性作用。为推动苏州职业教育发展率先迈上新台阶,班主任队伍建设工作要围绕培育"公平、优质、适切"的苏式教育品牌,坚持

"创新、协调、绿色、开放、共享"的发展理念,全面培育学生的核心素养,建设职业教育人才高地,培育争当"迈上新台阶,建设新江苏"的先行军排头兵,为全面建成小康社会提供智力支持和人才保障。班主任队伍必将成为苏州职业教育不断前行的源动力。

苏州市教育局
项春雷

序二

历史的车轮滚滚向前。不断发展的社会呼唤能够适应新时代、新篇章的现代职业教育。2018年9月10日,习近平总书记在全国教育大会上指出:要把立德树人融入思想道德教育、文化知识教育、社会实践教育各环节,贯穿基础教育、职业教育、高等教育各领域。

苏州职业教育(简称"职教")德育人谨怀习总书记对职教提出的要求与希望,砥砺前行。经苏州市教育局高职处层层把关、条条筛选,在江苏省职教学会德育工作委员会(以下简称"江苏职教德工委")副秘书长李国珑老师的悉心指导下,通过苏州职教"班主任模块化研究"课题组全体成员实践探索,分条缕析出"立德树人"工作之精华,这本由苏州市职教学会德育工作委员会(以下简称"苏州职教德工委")负责的

《职校班主任 100 问》终于在千锤百炼后即将出版。

本书虽不是鸿篇巨制,但凝结了苏州职教德育队伍在工作中勇于实践、潜心研究的点滴心血,彰显了苏州职教德育人求真务实、奋进创新的感人风采,是苏州职教德育工作在科研中上下求索的又一崭新成果。

国无德不兴,人无德不立。教师要在加强品德修养上下功夫,教育引导学生培养和践行社会主义核心价值观,踏踏实实修好品德,成为有大爱、大德、大情怀的人。

立德树人工作离不开班主任,因为班主任是学校教育的中坚力量,是班级教育的组织者、管理者,是学生健康成长的引路人,是联结学生和各任课教师的纽带,也是学校、社会和家庭沟通的桥梁。班主任肩负着促进学生全面发展的重任。因此,班主任工作直接影响着学校的人才培养质量。

苏州职教德工委一直以来很重视班主任队伍建设，不断探索新时期职校班主任工作的新途径、新模式和新方法，组织和引导职校班主任用爱心、智慧、责任心以及精细化的管理，拨动学生心灵的旋律，启迪学生的智慧，引导学生发展的方向。目前，苏州市职教德育工作队伍中已涌现出一批出色的管理人才和优秀的班主任，他们不但有工作的热情，而且对做好职教德育工作有着更深层次的理解。他们在紧张纷繁的工作之余，不断深化对苏州职教"班主任模块化研究"的思考。

为了更好地展示苏州职校班主任工作的成果，推进全市职教德育工作的发展，我们汇集了大量一线班主任在工作中遇到的实际难题，并在此基础上精斟细酌，最终提炼为《职校班主任100问》。我们结合社会主义发展的新时代特征，在原版的基础上精益求精、精耕细作,将原版的11个篇目修订为12个篇目,针对班主任工作中经常和可能出现的棘手难题,逐层剖析,深入探究,并提出解决问题的方法和策略。本书立足实际,操作性强,发人深省,是一本以班主任工作理论为基石,以职业学校学生为主体,以预防和解决问题为目的的实用性工作手册。

本书的作者均是来自苏州职教德育各条战线的精英。他们从不同层面、不同角度对班主任工作进行了多方诠释,凸显出苏州职教德育人对教育改革前沿理论的敏锐嗅觉及大胆求新的探索精神。

我们期待以这本修订后的《职校班主任100问》为苏州职教德育工作的新起点,为职校班主任抛砖引玉,掀起苏州职教德育研究,特别是班主任工作研究的热潮,促进全市职校班主任工作再上新台阶,推进苏州职教德育工作健康和谐发展。

最后,再次感谢苏州市教育局领导对本书的大力支持,感谢江苏职教德工委副秘书长李国珑老师对本书的专业指导。同时,我也衷心地希望苏州市全体职校班主任从提升自我出发,依托苏州职教的资源优势、办学特色等进行德育研究,交流丰富实践经验,分享育人智慧,奉献出更多、更好的职教德育成果,以真实的问题、研究的眼光、科学的态度进行深度反思,从而建立教育、管理、研究、学习一体化的职校班主任工作思路,促进苏州职校班主任队伍向更深层次和更高水平发展!

苏州市职教学会德育工作委员会
赵益华

目 录

第一篇 入学教育

1. 如何帮助新生快速完成从初中生到职校生的角色转变? ... 1
2. 如何引导新生认识所学专业? ... 2
3. 如何让新生尽快熟知学校的规章制度? ... 3
4. 如何加强新生军训的积极性和实效性? ... 4
5. 如何协调新生与教官之间的关系? ... 5
6. 如何帮助新生尽快适应住宿生活? ... 7
7. 如何解决新生私自调换宿舍和床位的问题? ... 8
8. 如何让新生保管好个人的贵重物品? ... 9
9. 如何组建第一届班委会? ... 10
10. 如何上好第一次班会课? ... 11

第二篇　常规管理

11. 如何有效解决学生的经常性迟到问题？　13
12. 如何规范学生的仪容仪表？　14
13. 如何开展对学生的文明礼貌教育？　15
14. 如何促使学生自觉完成值日工作？　16
15. 如何提高学生的"两操"质量？　17
16. 如何形成自习课的良好纪律？　18
17. 如何引导青春期学生之间的正常交往？　19
18. 如何有效处理学生之间的"抱团"现象？　20
19. 如何号召学生积极参与集体活动？　22
20. 如何有效预防校园伤害事故？　23

第三篇　班集体建设

21. 如何合理制定并执行班级公约？　25
22. 如何增强学生的集体荣誉感和班级凝聚力？　26
23. 如何培养学生的团队合作精神？　27
24. 如何开展班级的心理健康教育？　28
25. 如何帮助学生巩固专业思想？　29
26. 如何指导学生做好职业生涯规划？　31
27. 如何充分发挥班干部的积极主动性？　32
28. 如何正确引导班级的舆论导向？　33
29. 如何合理布置教室环境？　33
30. 如何写好学生评语？　35

第四篇　班级活动

31. 班级活动的作用有哪些？　37
32. 班主任如何发挥在班级活动中的主导作用？　37
33. 如何开展班级活动？　38

34. 如何加强学生参与班级活动的
   积极性? ... 39
35. 如何设计主题班会方案? ... 40
36. 如何收集班级活动的资料? ... 41
37. 如何调动任课教师参与班级活动的
   积极性? ... 41
38. 如何在班级活动中开展感恩教育? ... 42
39. 如何在班级活动中开展礼仪教育? ... 43
40. 如何在班级活动中开展青春期教育? ... 44

第五篇 守纪教育

41. 如何处理学生迟到、旷课问题? ... 45
42. 如何处理学生打架斗殴事件? ... 46
43. 如何处理学生在校抽烟事件? ... 47
44. 如何处理学生在校喝酒事件? ... 48
45. 如何处理学生赌博问题? ... 50
46. 如何处理校园敲诈勒索事件? ... 51
47. 如何解决学生破坏公物问题? ... 52
48. 如何处理学生偷窃事件? ... 53

49. 如何处理学生夜不归宿事件? 54
50. 如何处理学生的不良网络行为? 55

第六篇　住宿管理

51. 如何引导住宿生制定宿舍卫生文明公约? 57
52. 如何指导住宿生创建文明宿舍? 58
53. 如何丰富住宿生的课余生活? 59
54. 如何培养住宿生的自理能力? 61
55. 如何引导住宿生进行合理科学的消费? 62
56. 如何进行住宿生晚自习的有效管理? 64
57. 如何规范住宿生熄灯后的纪律? 65
58. 如何做好住宿生周末及节假日的留宿工作? 66
59. 如何处理宿舍失窃事件? 67
60. 如何处理住宿生生病事宜? 69

第七篇　实习管理

61. 在学生实习期间班主任的基本职责有哪些？　71
62. 如何进行实习生的返校管理？　73
63. 如何与实习生保持有效沟通？　75
64. 如何与实习单位进行沟通？　77
65. 如何与实习指导老师保持良好的沟通？　78
66. 如何落实实习请假制度？　79
67. 如何办理学生的自主实习？　80
68. 如何处理实习生提出调换实习单位的要求？　82
69. 如何引导实习生正确看待实习薪酬？　83
70. 如何做好学生的毕业工作及毕业离校工作？　85

第八篇 突发事件

71. 如何处理学生在校期间突发疾病的状况? ……87
72. 如何处理学生离校出走事件? ……87
73. 如何处理学生在实训实习中发生的伤亡事故? ……88
74. 如何处理学生在校期间遭遇交通事故? ……89
75. 如何帮助学生从火灾现场快速撤离? ……90
76. 如何处理学生在校期间的触电事件? ……91
77. 如何处理学生在校期间的食物中毒事件? ……93
78. 如何处理校园设施设备造成的学生受伤害事故? ……94
79. 如何处理学生在参加学校组织的校外活动时发生的伤亡事故? ……95
80. 如何处理学生遭遇校园欺凌? ……96
81. 如何处理学生借"校园贷"? ……98

第九篇　家校合作

82. 如何帮助家长走近孩子？　　　　　99
83. 家校联系的方法有哪些？　　　　　100
84. 如何进行有效的家访？　　　　　　102
85. 如何调动家长参与学校活动的
    积极性？　　　　　　　　　　　　104
86. 如何请家长协助组织学生开展社会
    实践活动？　　　　　　　　　　　105
87. 如何使学校、家长和企业的沟通
    渠道畅通？　　　　　　　　　　　106
88. 如何开好家长会？　　　　　　　　107
89. 如何办好家长学校？　　　　　　　108
90. 如何让家长积极配合学校的教育
    教学工作？　　　　　　　　　　　110
91. 如何让家长了解学校、了解职业
    教育？　　　　　　　　　　　　　111

第十篇 班主任成长

92. 班主任专业成长的内涵和基本途径有哪些? … 113
93. 班主任应具备哪些基本能力? … 114
94. 班主任的基本教育方法有哪些? … 115
95. 班主任如何走进学生的心灵? … 117
96. 班主任课题研究的重点及方法是什么? … 117
97. 德育课题的选择应注意哪些问题? … 118
98. 如何设计(撰写)德育课题研究方案? … 119
99. 班主任如何进行工作中的自我反思? … 121
100. 班主任如何提高工作艺术水平? … 122
101. 班主任基本功竞赛有哪些内容?如何准备? … 123

第十一篇　创新创业

102. 职业学校为什么要开展创新创业教育？　125
103. 班主任可以在班级内开展哪些形式的创新创业教育？　126
104. 班主任开展创新创业教育的途径有哪些？　128
105. 班主任如何帮助学生寻找创意的灵感？　129
106. 班主任如何辅导学生走好创业的第一步？　130

第十二篇　心理健康教育

107. 如何组织学生开展心理健康教育活动？　133
108. 如何应对学生升学与就业选择困惑？　134
109. 如何开展生命教育？　135

110. 如何辨别学生是否网络成瘾? 135
111. 如何运用迪士尼策略来处理班级突发事件? 137
112. 如何巧用语言让学生面对负性事件时调整认知? 139
113. 如何运用非暴力沟通来与学生交流? 140
114. 如何运用 SFBT 问询技术与学生进行沟通? 142
115. 如何指导学生运用"ETA 脱困四问"觉察情绪? 145
116. 如何指导学生处理负面情绪? 146
117. 如何辨别需要重点关注的学生? 148
118. 心理危机的类别有哪些?主要有哪些危机? 150
119. 如何辨别需要进行危机干预的学生? 151

120. 当学生面临危机时，班主任适合说什么？　152
121. 当学生面临危机时，班主任不适合说什么？　153

活动1　生命刻度尺，且行且珍惜　155
活动2　人生刻度尺，且行且珍惜　157
教育心得　165

第一篇 入学教育

1. 如何帮助新生快速完成从初中生到职校生的角色转变?

答:（1）树立信心。对于进入职校的新生来说，重要的是及时调整好没有进入普通高中的心态。班主任要让学生了解职业教育的发展趋势，了解所学专业的培养目标及发展空间，引导学生确立新的人生目标，从而树立信心。

（2）激发动力。班主任应开展"扬长式"教育，培养学生积极的心理品质，发挥学生心理潜能，让学生在学习中找到兴趣点，变"要我学"为"我要学"，学好文化，学精专业。

（3）融入集体。很多学生进入职校后，开始了住宿生活。班主任要引导学生遵守住

> 用千百倍的耕耘,换来桃李满园香。

宿生管理规定,服从宿管员管理,学会独立生活,处理好与宿舍同学的人际关系,尽快融入集体。

2. 如何引导新生认识所学专业?

答:(1)走出去。班主任可组织学生参观企业,学习企业文化、工作要求等内容,让学生对专业所对应岗位的工作性质、内容、特点有全面了解。

(2)请进来。班主任可邀请企业内的专业人士来校给学生进行专业剖析,介绍行业内企业的发展空间和前景,引导学生深入了解所学专业。

(3)沉下去。班主任可针对专业特点、专业学习的要求向学生做深入全面介绍,让学生对专业的培养目标、主要课程、将来的就业方向等有清晰的认知,知道自己要学些什么。

为师者当高风亮节，动之以情，付之以爱。

3. 如何让新生尽快熟知学校的规章制度？

答：（1）军训导学。班主任可利用新生军训期，把学校的规章制度作为一项学习内容，组织学生进行学习和解读，让学生初步认知学校的各项规章制度。

（2）强化学习。班主任可利用晨会或班会课，再次组织学生学习和解读学校的规章制度，尤其对一些易犯的内容要重点解读。

（3）营造氛围。班主任可通过班级宣传栏、主题黑板报加大对学校规章制度的宣传力度。

（4）以赛促学。班主任可组织开展班级校纪校规知识竞赛，强化学生的记忆。

> 永远用欣赏的眼光看学生,
> 永远用宽容的心态面对学生。

4. 如何加强新生军训的积极性和实效性?

答:(1)准备充分。班主任要在学生军训前进行细致的军训动员,让学生明白军训的意义,同时要取得家长的理解和支持。

(2)内容充实。班主任要把军训和遵规守纪教育结合起来,让学生学习学校各种规章制度,增强学生遵守校规校纪的意识。还要把军训和国防教育结合起来,让学生了解国防知识,强化国家安全意识。

(3)形式多样。班主任要把军训和班级活动结合起来,让学生观看爱国主义影片、阅兵式,参观爱国主义基地,树立爱国主义情感。

(4)以身作则。班主任要参与学生军训,给学生树立榜样。

(5)严格管理。班主任要严格甄别军训

> 课堂是点燃求知欲和道德信念火把的第一颗火星。

期间学生提出的各种请假理由。对于确实有身体不适情况的学生,班主任要和家长沟通,必要时让学生及时就医治疗。如果学生的身体无大碍,班主任可让该学生陪坐在训练方阵的边上,以让其知道,哪怕不能参加军训,也要和其他同学同甘共苦,保持集体荣誉感。

(6) 加强考核。班主任要按照军训要求,做好学生考核工作。

5. 如何协调新生与教官之间的关系?

答:

1. 协调新生与教官之间的关系

班主任应该做到以下几点:

(1) 教育在前。在学生参加军训之前,班主任要明确军训纪律,要求学生尊重教官,服从指挥,严格按照训练要求完成训练

纳百川，容学问，立德行，善人品。

任务。

(2) 及时阻止。一旦新生与教官发生冲突，班主任应该第一时间阻止。如果冲突严重，班主任要及时向学校领导报告甚至报警。

(3) 了解情况。班主任要及时全面地了解冲突的情况，准备好书面材料，并及时向学校领导汇报情况，与承训部队领导做好沟通。

(4) 妥善处理。如果冲突造成学生受伤，班主任应及时将学生送至医务室甚至医院就医，并第一时间向学校领导汇报，及时联系家长。同时做好善后工作，按照校规校纪进行相应的处理，对其他学生起到警示作用。

2. 协调好女学生与男教官之间的关系

班主任应该做到以下几点：

(1) 严明纪律。班主任要明确军训纪律，提醒女学生要尊重教官，处理好与男教

> 聪明的教师会教孩子发现真理。

官的关系。

(2) 及时疏导。如果发现女学生未处理好与男教官之间的关系,班主任要及时和女学生进行交流,让女学生冷静处理与男教官的关系,与男教官保持适当的距离;同时要嘱咐其他学生留心该女学生的情绪。必要时,应及时和家长沟通,共同做好教育工作。

6. 如何帮助新生尽快适应住宿生活?

答:(1) 遵章守纪。班主任要让学生尽快了解住宿作息时间要求和规章制度并严格遵守,按照住宿生内务要求,做好值日分工,与同宿舍的同学(即舍友)共同维护好宿舍这个小家。

(2) 和谐相处。班主任要引导学生尽快融入集体生活,以平和的心态对待每一个

> 教师不存在的地方，无知就变成了聪慧。

人，不拉帮结派搞"小团体"，不触犯舍友的隐私，不影响舍友休息等，相互尊重，相互关心，相互帮助，和谐相处。

（3）服从管理。班主任要协调好学生和宿舍管理员的关系，让学生服从宿舍管理员的管理。

7. 如何解决新生私自调换宿舍和床位的问题？

答：（1）充分沟通。班主任应先听取提出调换宿舍要求的学生的意见，了解学生的真实想法。

（2）多方了解。班主任应通过班干部、舍友、班级其他同学等，从多方面了解情况，同时注意了解的方式。

（3）低调处理。如遇到因身体等客观原因确实需要调换宿舍的学生，班主任要做好

> 教师要用自己的智慧点燃学生的智慧火花。

同宿舍其他学生的思想工作,并帮助学生解决调换宿舍问题。如学生因矛盾问题而私自调换宿舍,班主任应让学生明白,调换宿舍不是处理问题的唯一办法,随意调换可能导致得不偿失,使同学之间的关系变得更差;同时应了解清楚原因,尽可能做好矛盾化解工作。

8. 如何让新生保管好个人的贵重物品?

答:(1)加强教育。班主任可通过晨会、班会课等加强教育,强化学生保管贵重物品的意识。提醒学生在教室、实训场所、图书馆、食堂、宿舍、操场等公共场所不要乱放贵重物品,要随身携带。

(2)合理消费。班主任可要求学生尽量少带现金,合理消费。如果学生确有需要带较多的现金,最好的保管方法就是将现金存

> 含泪播种的人一定能含笑收获。

入银行,并注意保管好银行卡和密码。

(3) 妥善保管。班主任可提醒学生平时将贵重物品锁在柜子里,周末放假离校时将贵重物品带走。

(4) 及时止损。班主任可提醒学生:当发现钱包、手机等贵重物品丢失时,要及时向班主任反映,必要时可以报警;丢失饭卡后,应立即挂失。

9. 如何组建第一届班委会?

答:(1) 公开竞选。班主任要公开竞选标准,公开竞选程序,公开竞选结果。

(2) 公平竞争。班主任即使已有心仪人选,也应该给每个学生均等的机会,让学生在机会均等的情况下展示自己的才华。同时也要树立学生的责任意识:一旦做了班干部,就要把班级的事情视为己任,毕竟这是

永远不要嘲笑别人的梦想。

自己主动争取来的。

（3）公正选拔。让学生公平竞争是为了给学生充分展示自己的机会，而公正选拔是确立人选的原则，能将有才能、有管理能力的学生吸收到班干部队伍中来。如果班主任指定人选，就会违背公平竞争的原则，可能使师生之间产生隔阂，进而使班级工作的开展陷入被动。

10. 如何上好第一次班会课？

答：（1）确定主题。班主任要了解班级的实际情况，查阅学生学籍档案，确定主题，提出班级建设要求。

（2）贴近实际。活动要紧紧围绕主题开展，活动形式要多样，取材要尽量贴近学生的生活实际。班主任在班会课上要少讲大道理，多用发生在学生身边的具体事例来教育

> 不要随便给一个人定性。

引导学生。要给学生制定一个切合实际的目标,让学生"跳一跳,够得到"。

(3)树立形象。班主任要注意树立自身的形象,增强亲和力。

(4)及时反思。班主任在班会课后要及时做好总结与反思。

常规管理

11. 如何有效解决学生的经常性迟到问题?

答:(1)规范制度。班主任要与学生共同探讨关于迟到问题的处理办法,并制定班级公约。

(2)严格纪律。班主任要坚持晨会前点名,对经常迟到的学生进行详细记录。

(3)强化教育。班主任要强调迟到的危害,可利用班会课、活动课等途径帮助学生认识到守时的重要性,带领学生上网查找或进企业查看企业处理迟到的相关制度。

(4)考核评比。班主任要统计学生的出勤情况,按比例评选"出勤星"。对于屡教不改的学生,要依照校纪校规处理。

> 人应该拥有两样东西：一盏永不熄灭的希望之灯，一扇长开的接纳之窗。

12. 如何规范学生的仪容仪表？

答：（1）明确要求。班主任要向学生强调，仪容仪表应遵循整洁、大方、朴素、得体的原则。

（2）细化准则。班主任要对学生的发型、妆容、服饰等提出具体要求，让学生一一对照，有章可循。

（3）监督检查。班主任可以组织家长、学生干部对学生的仪容仪表进行每日、每周、每月的检查，并将检查结果及时公布。

（4）奖罚分明。班主任要对仪容仪表得体的学生给予表扬，使其在班级内部起到榜样示范作用；对不遵循班规校纪、仪容仪表不符合要求的学生，要给予警示。

十年树木，百年树人。

13. 如何开展对学生的文明礼貌教育？

答：（1）从小处着眼。班主任要从站姿、坐姿、行姿等出发，培养学生良好的行为习惯；从"十三字"文明用语出发，教会学生正确使用日常礼貌用语；从小事出发，培养学生团结友爱的精神风貌。

（2）榜样示范。班主任要率先垂范，注意语言文明（语音音量大小、语调高低、语速快慢均适中，不说粗话，常用礼貌用语，恰当称呼他人）、举止得体（体态美观、不当众吸烟、不酗酒等），为学生树立良好的学习榜样。

（3）合力育人。班主任要给家长布置家庭礼仪作业，宣传文明礼仪的重要性，对家长如何教育孩子懂文明、讲礼仪进行辅导，使家长掌握正确、科学的教育方法，与学校形成教育合力，共同开展文明礼仪教育。

> 成功的教学往往在细微处见精神、显功力。

14. 如何促使学生自觉完成值日工作？

答：(1) 增强意识。班主任要引导学生形成对集体的正确认识，激发学生热爱、关心、维护班级的积极情感，从而让学生树立正确的主人翁意识，以强烈的责任感投入值日工作中。

(2) 明确分工。班主任要培养学生的责任心，明确他们各自的劳动任务。可以组织班委会将清洁区和教室划分成若干个区域，以小组为单位，安排每人负责相应区域，将工作和责任细化到人。

(3) 互相督促。班主任要让小组之间互相督促，同时鼓励组内自省，及时发现问题，解决问题。要动员全班学生参与，让学生互相督促，形成习惯。

世界上并不缺少美，而是缺少发现美的眼睛。

15. 如何提高学生的"两操"质量？

答：(1) 端正态度。班主任要在学生做眼保健操、跑操（简称"两操"）之前做好思想教育工作，让学生把做眼保健操、跑操当成每日的重要项目。

(2) 提出要求。班主任要提醒学生集中精力，努力把眼保健操、跑操做好。

(3) 选好领操人。班主任要选好排头兵，选出认真负责、动作标准的学生领操，如果跑操时第一排都跑不齐，整体的高质量就是一种奢望。班主任应选择本班表现出色的学生，让他们成为集体的榜样。

(4) 持之以恒。坚持一两天做好"两操"并非难事，但要坚持一两年，那就需要班主任和班级学生共同努力，把每一天的"两操"都当作重要的事情对待。

> 教师最大的幸福就是把学生送往理想的彼岸。

16. 如何形成自习课的良好纪律?

答:(1)明确任务。班主任要向学生强调,在自习课上,学生以学习为主要任务。自习课要做的事情包括:巩固当天所学知识,完成当天所留作业,复习学过的知识,预习将学的知识,在学有余力的情况下看一些拓展类的课外读物等。

(2)严格纪律。班主任要打造一支优秀的班干部队伍,让班干部在自习课上自觉维持好纪律,一旦发现问题,就及时沟通解决。对于不服从班干部管理的学生,班主任要分析原因,做好思想教育工作。

(3)确保质量。学生完成自习课任务后,班主任要适时对其完成情况进行质和量的检查,包括检查作业的质量、看书的速度和效率等。

当你埋怨学生太笨的时候，你也该自问什么叫诲人不倦。

17. 如何引导青春期学生之间的正常交往？

答：（1）正确看待。十六七岁正是青少年感情懵懂的敏感时期。男女学生之间在这一时期互有好感是非常正常的事情。

（2）合理引导。班主任应提倡男女生之间相互欣赏、相互督促，形成相互帮助、团结共进的友谊。

（3）分散注意力。班主任应帮助学生放飞青春梦想，确立人生目标，将注意力转移到理论学习、技能训练、社团活动、班级工作等方面。

（4）有效沟通。班主任发现男女生之间有举止过密的情况后，要寻找恰当的时机，分别与男生和女生进行平等地交流谈心，帮助学生树立健康的男女交往观。

不尊重学生,就是不尊重自己。

18. 如何有效处理学生之间的"抱团"现象?

答:

1. 积极转化

(1) 真诚沟通。班主任要通过耐心细致的谈话走进学生的内心世界,了解学生的内心动态,制定切实可行的政策,让学生向集体靠拢,让其智慧为班级所用。

(2) 釜底抽薪。对于消极型的小团体,班主任要从小团体的成员入手,先找出意志薄弱的学生做思想教育工作,晓之以理,动之以情,讲清利害关系。平时多注意他们在班级内的表现,对其点滴的进步及时表扬,对其不足之处及时提醒,并给出善意的批评和改正意见,使他们彻底脱离小团体。

(3) 家校共管。现在的学生大部分是独生子女,班主任要与家长形成合力,共同教

教师要融于师生的相互理解中。

育好学生。

2. 有效引导

（1）善于发现。积极向上的小团体能够使班级气氛活跃。班主任要善于发现这样的小团体，及时找出小团体成员身上的闪光点并加以放大，让这类小团体多为班级做贡献。

（2）统筹安排。班主任要扮演好指挥家的角色，引导积极向上的小团体健康地发展，使学生的小团体意识与班级的大发展方向一致。

3. 回归集体

班主任要勤于制造小团体为班集体服务的机会，让小团体成员感受到自己在班集体中的价值，让他们在为集体服务后体会到快乐和荣耀，从而融入集体。

> 教书育人是教师的天职,既有苦,也有乐。

19. 如何号召学生积极参与集体活动?

答:(1)设置活动。班主任应尊重学生的主观能动性,设计富有实践性和富有吸引力的特色活动。

(2)以人为本。制订活动方案时,班主任要充分吸收各方信息,了解学生的想法。开展活动时,要给予学生鼓励或指导,让学生敢于参与、乐于参与、善于参与。分配工作时,要以人为本、因人而异,根据学生的能力、气质和性格委以任务。

(3)适时肯定。班主任应尊重和信任学生,给予学生必要的权利和责任。在学生取得成绩时要及时给予学生肯定和鼓励,在学生发生错误时要及时指导学生更正,以此建立和谐的师生关系。

耕耘在绿草地,此生无怨无悔。

20. 如何有效预防校园伤害事故?

答:(1)勤于教育。安全意识需要班主任天天强调、处处强调、时时强调。班主任可以利用晨会、班会课等时间对学生进行安全教育,让安全意识扎根于学生的头脑之中。班主任还要善于发现、挖掘生活中的教育案例,组织学生讨论该做什么、不该做什么、如何解决问题,帮助学生增强防范类似安全事故发生的意识。

(2)强化意识。在组织学生进行活动前,班主任应告知学生在安全方面要注意的问题,比如:校园及周边的环境中存在的安全隐患;哪些活动可以进行,哪些活动不可以进行;哪些地方可以去,哪些地方不可以去;哪些危险性的动作不能做……这些注意事项班主任都应事先向学生说明,并做出强制规定。

(3)增强能力。班主任可在班级开展一些具有安全教育性质的活动,创设具体情境,教会学生处理突发状况的方法,让学生学会自我保护。

班集体建设

21. 如何合理制定并执行班级公约?

答:(1)因势利导。班主任要做好引导工作,让学生意识到班级公约对班级和每个学生成长的重要性。

(2)把握政策。班主任要组织学生认真学习《中等职业学校学生公约》,结合学生身心发展规律和专业职业素养要求,在《中等职业学校学生公约》的基础上制定适合班级发展的班级公约。

(3)全员参与。班主任要让全体学生参与班级公约的制定过程,树立学生的自主管理意识;让学生根据班级中可能出现的问题提出改正办法,列出大家应该共同遵守的几条规定,并附上详细的奖惩办法,从而形成班级公约,并及时将班级公约张贴上墙。平

爱拼才会赢。

时要按照班级公约的要求规范学生的言行。

（4）强化监督。班主任应在班级设立班级公约监督委员会，让学生之间相互督促和提醒，并做到奖罚分明。

22. 如何增强学生的集体荣誉感和班级凝聚力？

答：（1）以身作则。班主任要用自己的人格魅力感染学生，平等对待每位学生，尊重学生的个体差异，在学习、生活等各方面关心、爱护学生，在学生中树立威信，得到学生的尊重、信任和支持。

（2）培育团队。班主任要重视班干部队伍的选拔、培养工作，提高班干部的思想觉悟，增强班干部的工作能力，让班干部起到引导班级舆论、协助班主任管理班级的作用，从而带动整个班级形成积极向上的精神

教与学理当为一体。

风貌。

（3）制定目标。班主任要在升学、技能考工、职业素养、行为习惯、养成教育等方面给学生提出奋斗目标，激励学生将目标转化为自身发展的动力。

（4）活动引领。班主任要加强活动过程管理，注重发挥活动的激励作用，让学生参与其中，在活动中互帮互助，形成强烈的班级自豪感、责任感、集体荣誉感和归属感，从而愿意为集体的荣誉而奋力拼搏。

23. 如何培养学生的团队合作精神？

答：（1）设立班级目标，引导前进方向。班主任要根据班级专业特点和班级学生现状，制定出班风学风建设、学生学业发展、团队精神打造等方面的中短期目标和长期目标，通过目标引领，凝聚人心。

> 我愿做人梯,让年轻人踏着我的肩膀攀登科学高峰。

(2)组织多样活动,增强团队意识。班主任要发挥每个学生的积极性,让学生在形式多样的活动中体现自我价值,获得贡献感和愉悦感,逐步增强学生的集体荣誉感和团队合作意识。

(3)提倡同伴互助,感受集体氛围。学生之间互相帮助、共同进步,不仅可以培养学生之间真挚的情感、高尚的情操,还可以让他们懂得乐于助人是一种美好的品德,有利于他们和谐发展、共同成长。

24. 如何开展班级的心理健康教育?

答:(1)发挥角色优势。班主任应提高对学生心理健康教育的重视程度,增强发现学生心理问题和解决学生心理问题的能力。应经常与其他任课教师及家长联系,及时了解学生产生心理问题的原因,及时捕捉教育

> 能做老师的人必定是不平凡的人，因为教育事业本身就是不平凡的事业。

契机。

（2）创设良好氛围。班主任应通过强化乐于助人、关爱他人等品质，在班级中营造互相关心、互相尊重、民主平等、和谐发展的班级氛围，促进学生养成良好的心理品质。

（3）开展有效活动。班主任应坚持以学生为主体，上好心理活动课，开辟多种心理健康教育途径，通过团体辅导、个别咨询、心理讲座、心理日记、心理剧表演等形式，让学生在自主参与活动的过程中能动地发现自我、改造自我、完善自我。

25. 如何帮助学生巩固专业思想？

答：（1）了解专业。班主任应做好新生入学专业介绍，让每个学生了解专业发展历史和未来走向，了解未来可以从事的岗位。

静坐常思己过，闲谈莫论人非。

可以聘请行业专家讲学，让学生了解专业前沿，激发学生的学习兴趣；也可以邀请优秀毕业生回校做讲座，让学生学有榜样。

（2）明确目标。班主任应召开专业报告会，详细介绍本专业的办学历史、团队建设、课程设置、技能大赛、教法学法、高职升学、就业创业等内容，让学生了解在校学习内容和在技能考工上必须达到的目标，对自己所选专业有清晰的认识。

（3）组织参观。班主任应带领学生参观专业实训室，走进企业，接触专业岗位，使学生对专业发展充满期待和向往，从而巩固专业学习思想。

（4）规划职业生涯。班主任应辅导学生做好职业生涯规划，从就业到创业，明确专业阶段的发展目标和努力方向，从而为学好专业课程打下扎实的基础。

> 学习这件事，不是缺乏时间，而是缺乏努力。

26. 如何指导学生做好职业生涯规划？

答：（1）自我分析。班主任应引导学生全面分析自我，对自己的优缺点、兴趣爱好、性格特征等有一个正确、清晰的认识，把自身的身心特点作为职业生涯规划的出发点。

（2）确立方向。班主任应引导学生确立明确的切实可行的职业目标，同时强化创业教育，培养学生的创业意识和创业能力。

（3）培养能力。班主任应激励学生锻炼各方面能力，不断完善自我，培养吃苦耐劳的精神和社会责任意识，顺应就业形势的变化和社会发展的新需求，不断修正自己的职业目标，以实现更高的职业理想。

> 老师是学生的镜子,学生是老师的影子。

27. 如何充分发挥班干部的积极主动性?

答:(1)优化选拔。在班干部的选拔上,班主任可以采用竞选的方法,让学生进行竞选演讲,公开唱票,并当堂公布结果。对选上的班干部实行挂牌,定期召开班委会,激发班干部为同学服务的动力。

(2)树立威信。班主任要在班级中树立班干部的威信,让班干部始终起到模范带头作用。

(3)有效指导。班主任要对班干部的工作进行适当的指导和帮助,增强他们的工作能力,强化他们对班级管理的责任意识。

(4)情感激励。班主任要采取表扬式激励,定期评选优秀班干;采取信任式激励,激发班干部的工作热情;采取放权式激励,激发班干部的工作积极性。

和蔼可亲的态度，永远是教师良好教态的注脚。

28. 如何正确引导班级的舆论导向？

答：（1）强化观念。班主任应经常针对各种社会热点开展辩论会，组织主题班会，弘扬真善美，鞭挞假恶丑。在每次班级活动后及时总结，夯实正确舆论形成的基础。

（2）营造氛围。班主任应培养学生的主人翁意识，营造良好的舆论氛围。在班内树立优秀榜样，确立正确的舆论导向，及时扫清正确舆论形成的绊脚石。

（3）自觉内化。自我思想斗争是学生进步成长的最重要的内部动力。班主任要让学生时刻感受到正确舆论，并将其转化为个体的内在需要和自觉行动。

29. 如何合理布置教室环境？

答：（1）文化气息。教室的布置应散发一种浓郁的文化气息。班主任应"让墙壁说

> 世事洞明皆学问，人情练达即文章。

话"，把教室的每一面墙都变成营造文化氛围的阵地，使学生时时感受到高雅的艺术气息，引领学生去发现美、追求美、展示美。

（2）绿色氛围。教室的布置应营造一种绿色的氛围。班主任应把绿意和美感带入教室，使学生尊重自然、爱惜生活空间，从而激发学生的好学之心。

（3）班级特色。教室的布置应体现班级的特色，要科学得当。一般各班级可以有自己设计的班标（班徽）、班歌和班级公约。班主任可在教室内设置壁报、艺术角等，用环境来熏陶人、感召人，使教室真正成为学生求知的乐园和成长的沃土。

（4）专业特点。教室的布置应体现专业性。班主任可以在教室内布置专业发展历程、专业前景、学生专业作品、专业楷模、行业精英等的展示角，让学生时刻感受专业氛围，激发学生的学习动力。

> 教师的心声是纯净的、高贵的、无私的。

（5）激励引导。教室的布置应注重对学生的激励。班主任可以在教室内布置名人名言、适合班级的标语口号等，以此来激励学生。

30. 如何写好学生评语？

答：（1）肯定进步。评语应该肯定学生一学期以来取得的进步，激发学生的上进心和求知欲。

（2）指出缺点。评语应该既能反映出每个学生的优点，又能适当指出学生的缺点，让学生能正确认识自我，明确努力方向。

（3）抓住特性。评语应该体现个性化，抓住每个学生的特殊性，体现班主任的语言表达能力。

（4）形成合力。评语应能让家长了解孩子的成长过程，从而与学校形成教育的

> 其身正，不令而行；其身不正，虽令不从。

合力。

（5）激励引导。班主任撰写评语时要结合每个学生的特点，以激励为主，发挥激励的作用；对于一些表现一般的同学，也要尽量挖掘其闪光点，让他树立积极向上的心态。评语要注意语言的表达方式。生动的、充满情感的话语能打动学生的心灵。实事求是、不遗余力的表扬以及委婉的批评和引导能有效拉近师生距离，激发学生前进的动力，增加学生改正缺点的勇气。

第四篇 班级活动

31. 班级活动的作用有哪些?

答:(1)有利于学生的身心健康;
(2)有利于增强学生的综合能力;
(2)有利于学生建立良好的人际关系;
(3)有利于增强班集体的整体凝聚力。

32. 班主任如何发挥在班级活动中的主导作用?

答:(1)确定活动的教育目的。确定活动的教育目的是指班主任要按照活动类别,确定对学生进行的是爱国主义教育,还是安全法制教育、青春期教育、感恩教育等。

(2)把握好活动设计方向。班主任在设计班级活动时应以教育目的为指导,设计好

> 把简单的事情做彻底,把平凡的事情做经典,把每一件小事都做得更精彩。

活动框架及具体内容,并注意活动的可行性和教育的实效性。

(3)主导好班级活动实施。活动应以班主任为主导、以学生为主体开展,充分调动学生的积极性和主观能动性。

(4)总结好对班级活动的反思。活动结束后,班主任应结合主题明确活动得失,先肯定成绩,再针对学生存在的问题以希望的口吻提出指导建议和意见。总结时要注意语言准确、精练。

33. 如何开展班级活动?

答:(1)准备阶段。班主任要确定活动主题,制订活动计划,落实任务分工,做好充分准备。① 精神准备:调动班干部和学生的积极性。② 物质准备:布置场地,准备器材等。

教师的职业是神圣的，是光辉的，是荣耀的。

（2）实施阶段。班主任要做好活动实施的指导工作，保证学生的主体地位，确保教师的主导地位。

（3）总结阶段。班级活动结束后，班主任要总结得失，强化活动中产生的积极效应，并做好材料的归档工作。

34. 如何加强学生参与班级活动的积极性？

答：（1）发挥学生的主体作用，调动学生的主观能动性。

（2）结合学生的年龄、性格特点，设计灵活的活动形式。

（3）开展小组合作机制，以合作机制激发学生的兴趣，培养其团队合作能力。

（4）开展双重激励机制，从精神奖励和物质奖励两个方面激励学生。

习与智长,化与心成。

35. 如何设计主题班会方案?

答:(1)明确德育目标。班主任要以中等职业学校德育目标为方向,以学校的德育理念为指导,结合班级学生的认知目标、情感目标等,确立主题班会的德育目标。

(2)把握基本原则。班主任设计主题班会方案应注意以下原则:① 目的的教育性;② 内容的生活性;③ 形式的有趣性;④ 实施的可操作性。

(3)确立德育主题。班主任要针对本班的实际情况、学生的年龄和心理特点选取班会的德育主题。

(4)选择活动形式。主题班会的形式很多,常用的有以下几种:① 专题讲座式;② 报告式;③ 座谈会式;④ 学习式;⑤ 辩论式。

非学无以立身，非教无以立国。

36. 如何收集班级活动的资料？

答：（1）班主任要将责任落实到人，开展培训，定期整理材料，并在班级展示分享。

（2）班主任要引导学生养成收集和记录自己的活动资料的习惯。

（3）班主任可邀请家长一起参与，调动家长的积极性，让家长帮助做好班级学生的相关活动材料的收集工作。

37. 如何调动任课教师参与班级活动的积极性？

答：（1）班主任要加强与任课教师的联系和交流，让任课教师了解并熟悉班级管理目标、班级常规和学生信息。

（2）班主任要尊重和信任任课教师，明确任课教师在班级管理中的作用。

> 以仁治校,以爱执教,以诚待人,才可融社会、学校、师生为一体。

(3) 班主任要加强尊师教育引导,树立任课教师在班级中的威信。

(4) 班主任要让任课教师发挥优势,邀请任课教师参与指导班级常规或社团工作。

(5) 班主任要与任课教师组建管理共同体,搭建班级沟通平台,如微信群、QQ群。

(6) 班主任要引导学生理解、尊重教师的劳动成果,增强任课教师管理班级的成就感。

38. 如何在班级活动中开展感恩教育?

答:(1) 班主任可利用班级的日常活动契机加以引导,培养学生的感恩意识,让学生在班级活动中体验到关怀和爱。例如,可通过给学生、家长、老师送生日祝福加强感恩教育。

(2) 班主任可在传统节日前开展对应的

> 人生伟业的建立，不在能知，乃在能行。

教育，引导学生在体验传统节日的同时更好地理解感恩的意义。

（3）班主任要让任课教师发挥积极作用，在课堂教学过程中激发学生的感恩情怀。

（4）班主任要加强和家长的联系与沟通，与家长共同开展感恩教育活动。

39. 如何在班级活动中开展礼仪教育？

答：（1）班主任要根据《中等职业学校德育大纲》，依据礼仪教育目标、内容，结合学生的年龄特点，开展礼仪教育活动。

（2）班主任要将礼仪教育活动与主题活动、节假日活动紧密结合。

（3）班主任要加强和家长的沟通，与家长共同开展礼仪教育活动。

> 要为别人照亮道路,自己必须先放出光芒。

40. 如何在班级活动中开展青春期教育?

答:(1)组织专题教育活动。班主任可针对不同性别主题开展对应的青春期教育活动。活动形式可以是班会课、电子知识小报、主题阅读、观看影片等。

(2)开展主题教育讲座。班主任可邀请专家开展针对青春期的专题讲座。

(3)开展心理教育引导。班主任可以团体心理辅导或个别心理咨询的形式,针对不同特点的学生,开展积极的青春期心理健康教育活动。

(4)家校合作进行教育引导。班主任可邀请家长或家委会参与班级活动,增强青春期教育的实效性。

第五篇 守纪教育

41. 如何处理学生迟到、旷课问题?

答:(1)了解原因,对症下药。如果学生无意为之,班主任应以人为本,宽容相待;如果学生有意为之,班主任应首先了解原因,诸如无心学习、沉迷于网络、家长溺爱等,再有针对性地与学生沟通交流,帮助其从思想上认识到问题。

(2)家校互通,共同教育。当学生迟到、旷课超过3次时,班主任应及时与家长沟通,必要时进行家访,让家长多跟孩子倾心交谈,多听听孩子的想法,多从孩子的角度想问题,并督促孩子合理安排休息时间。

(3)严肃纪律,适当处罚。校有校规,班有班纪。对于那些屡教不改、教育无效的学生,班主任可以根据校纪校规给予适当的

> 能得到家长和孩子的尊敬和喜爱是教师的价值所在。

处罚。

（4）全员配合，齐抓共管。班主任可要求任课教师及时反馈学生的迟到、旷课情况，关注学生的课堂表现，跟踪学生的思想，及时表扬有进步的学生，并提出希望，使其逐渐增强自制力。

42. 如何处理学生打架斗殴事件？

答：（1）及时进行现场处理。班主任要及时将受伤的学生送医治疗，对打架斗殴的学生加以控制，稳定其情绪。同时要与有关部门及家长取得联系，对于一些情节严重的（例如持械打架造成重大后果的）事件要及时报警。

（2）深入调查事件的缘由。打架事件发生后，班主任要让双方分开静思并写下事情经过，在最短时间内了解事情的缘由。

我爱我师，我更爱真理。

（3）初步拟订解决方案。班主任将了解到的情况形成报告后要制订出初步的解决方案，对如实交代问题或认错态度端正的学生可以从轻处理，对说谎、拒不交代或态度恶劣的学生要严厉处罚，并将情况报告相关领导做进一步协商。

（4）做好事后安抚工作。班主任要尽可能消除打架斗殴事件产生的消极影响，避免事后学生产生新的冲突。

（5）形成过程记录报告。班主任要将事件的整个过程整理成案例分析报告，以便日后更好地开展工作，对学生进行教育，防患未然。

43. 如何处理学生在校抽烟事件？

答：（1）分析原因，对症下药。当学生出现吸烟行为时，班主任要进行多方面的观

> 教师的人格是教育的基石。

察、了解和沟通,找准学生吸烟的真正原因,在理解与尊重的基础上,耐心帮助学生,从心理发展和生活背景等角度对学生的吸烟行为加以矫正。对于怂恿他人吸烟的学生,在多次教育无效的情况下,班主任要按照校纪校规严肃处理。

(2)加强教育,正确引导。班主任可通过吸烟危害图片展、"拒绝烟草"签名、吸烟心理归因讲座、主题班会等形式,加强"吸烟有害"教育,引导学生形成正确的认识,杜绝吸烟。

(3)家校联系,共同管理。班主任应加强和家长的联系沟通,和家长统一思想,建议家长做好示范。

44. 如何处理学生在校喝酒事件?

答:(1)个别访谈,探明原因,"对症

> 教师对学生来说，是心灵、智慧的双重引路人。

下药"。班主任可分别与喝酒的学生、其他学生或者家长谈话，了解学生喝酒甚至酗酒的原因。班主任要晓之以理，动之以情，好言规劝，让学生明白喝酒的危害性、严重性，可以举一些身边的典型案例引起学生警惕，帮助学生改变观念。如果学生酗酒成瘾，无法自控，那么班主任可以寻求心理教师的帮助。对于喝酒或酗酒造成伤害或严重后果的学生，班主任须按照校纪校规处理。

（2）家校沟通，商定对策，共同监督。对于学生喝酒或酗酒现象，班主任要主动和家长沟通，了解原因，与家长一起商定对策，监督学生。

（3）积极宣传，营造氛围，引导行为。班主任在日常的管理中要注意营造良好的班级文化氛围，积极宣传喝酒或酗酒的危害，引导学生产生积极的、正面的、阳光的行为。

教育的目的在于使人能够继续教育自己。

45. 如何处理学生赌博问题？

答：(1) 理解学生，冷静处理。在发现学生赌博时班主任要冷静处理，不可操之过急、简单惩罚或通知家长，要让学生主动意识到自己的错误，并为自己所犯的错误承担相应的责任。

(2) 分开调查，掌握主动。发现赌博事件后，班主任可将涉赌学生分在不同地方反思，让其写出事情经过。

(3) 反思教育，全班监督。调查清楚事件后班主任要让涉赌学生针对自己的问题说危害、谈影响，通过自我反思，达到自我教育的目的，同时把反思的结果在班内公布。

(4) 适当处理，加强管理。如果学生沉迷于赌博，且涉赌金额较大或造成恶劣影响，班主任可将其移交学校相关部门按照校规严肃处理。对于情节严重、构成违法犯罪

学高为师,身正为范。

的学生,班主任要将其移交公安机关处理。平时应加强管理,多与学生沟通,设法发展学生的其他兴趣爱好,转移学生的注意力;同时多与家长沟通,共同引导学生。

46. 如何处理校园敲诈勒索事件?

答:(1)走访调查。班主任要及时了解情况,做好记录,注意对被敲诈勒索学生的跟踪保护,增强被敲诈勒索学生的安全感。

(2)加强惩戒。对多次实施敲诈勒索、性质恶劣的学生,班主任要严肃处理,必要时移交公安机关处理。

(3)法制教育。班主任要重视对参与敲诈勒索学生的法制教育,引入真实案例,让学生清醒地认识到敲诈勒索的性质及可能给自己带来的严重后果。

(4)安全教育。班主任要在班级加强安

> 欲望以提升热忱,毅力以磨平高山。

全教育:一是谨慎交友,财不外露;二是外出结伴,不单独行动;三是如遇敲诈勒索事件,要及时向学校、班主任报告,必要时报警;四是改掉自身不良习惯。

47. 如何解决学生破坏公物问题?

答:(1)建立规章制度并严格执行。班主任要将对破坏公物的教育管理作为建设优良班风的重要举措,根据公物的损坏程度对学生采取不同的处罚手段,如让学生做自我检讨、弥补损失或承担相应责任,或者给予学生通报批评、警告等不同级别的处分。

(2)注意对学生的心理疏导。班主任要分析学生破坏公物的原因,关注学生的心理问题,引导学生形成健康、积极向上的心理品质,并注意和家长沟通交流,给学生必要的帮助。

给学生一个世界，给老师一片天空。

（3）加强班风建设。班主任要构建优良的班风班貌，使学生更加自觉、自愿地遵守纪律，不随意破坏公物。

48. 如何处理学生偷窃事件？

答：（1）尊重学生，保护隐私。在偷窃事件的调查过程中，班主任要站在学生的角度分析和解决问题，注意保护学生的隐私，解除学生的后顾之忧。

（2）批评教育，引导纠错。班主任要对有关学生进行严肃批评教育，让学生意识到偷窃是一种恶习，严重者会触犯刑律。

（3）尊重理解，重点关注。对有偷窃行为的学生，在学生充分认识到错误后班主任要给予宽容和信任。在事后的一段时期内，班主任要主动与学生打招呼，主动找学生聊学习、聊生活，及时了解学生的感受，做好

今天的积蕴,是了明天的放飞。

心理辅导,帮助学生树立信心、克服自卑,尽快从阴影中走出来。

(4)家校沟通,正面引导。班主任要加强与家长的沟通,尊重家长,建议家长对待孩子以教育为主,不要采取过激行为。

49. 如何处理学生夜不归宿事件?

答:(1)发动寻找。班主任发现某学生夜不归宿后,首先要发动家长、其他学生等各方力量通过电话、QQ等渠道寻找该学生。

(2)教育引导。找到夜不归宿的学生后,班主任要了解其夜不归宿的原因,有针对性地进行批评教育,让其了解不回校住宿时应有的申请和批准流程,懂得父母和老师的关爱,了解夜不归宿可能带来的不良后果。

(3)严肃处理。对于夜不归宿次数较多

> 感人肺腑的谈话，能医治孩子心灵的创伤。

或者批评教育效果较差的学生，必要时班主任要按校纪校规进行处理，让其他学生引以为戒。

（4）防患未然。班主任要加大检查力度，加强对晚归、夜不归宿及迟到、旷课学生的教育管理力度，防患未然。

50. 如何处理学生的不良网络行为？

答：学生的不良网络行为多种多样，大致可分为三类：第一类是讲粗话、张贴不文明图片、说话不礼貌等不文明行为；第二类是沉迷于网络、浏览不健康内容、散布不良情绪等不健康行为；第三类是开展人身攻击、发布虚假信息、披露他人隐私等不道德行为。

班主任要从以下三方面采取措施：

（1）加强教育，预防为主。班主任可通

> 每一个学生都是一本深奥的书。我要用毕生的精力去读懂每一本书。

过主题班会、案例分析、法制讲座等多种形式对学生进行文明上网的教育,杜绝不良网络行为。

(2) 严肃查处,以儆效尤。班主任要公开处理不良网络行为事件,让学生明白在虚拟的网络空间一样要遵纪守法。

(3) 合理引导,加强监督。班主任一要加强教育学生学会理性地认识网络,引导学生健康上网;二要严格控制,让学生在校、在家期间不进网吧;三要给有网瘾的学生多一点关心和引导,让其感受到应有的爱与尊重;四要引导学生学会自控,将注意力转移到学习和其他有益的活动中。

第六篇 住宿管理

51. 如何引导住宿生制定宿舍卫生文明公约？

答：在住宿生开始住宿生活后，班主任引导他们制定宿舍卫生文明公约，有助于在规范学生行为的同时增强学生之间的凝聚力。

（1）民主定约。班主任要组织学生学习学校宿舍管理方面的相关制度和条例，让学生根据学校规章制度，通过民主的方式制定自己宿舍的文明公约，共同商议作息时间安排、宿舍值日要求、宿舍待客礼仪、宿舍互帮互助倡议、宿舍成员奖惩约定、安全节约要求等内容。

（2）凝聚目标。班主任可以让每个宿舍商议一个共同的奋斗目标关于或学习生活的

> 关于教师的几个不等式:有名气≠有水平,人缘好≠威信高,有点子≠有能力,资格老≠经验多。

励志话语,例如:"让你我的青春在这里放飞""今天的自立自强将使明天的我们有所收获"等。

(3)活动建舍。班主任可以通过相应的主题班会,让学生展示宿舍的文明公约、宿舍的雅号、宿舍的奋斗目标等,同时也可让学生展示文明宿舍创建所取得的成果。通过活动,培养学生对宿舍的归属感和自豪感,增进宿舍成员之间的友谊,增强班级整体的凝聚力和向心力。

(4)加强指导。班主任应加强对宿管人员关爱学生的交流和指导工作。

52. 如何指导住宿生创建文明宿舍?

答:文明宿舍的创建和评比可以增强宿舍的竞争力和凝聚力,并能为宿舍营造积极良好的文明氛围。

> 念人之善，扬人之长，量人之难，帮人之过。

（1）形成共识。班主任要引导学生认识到：宿舍全体人员需要统一认识，制定目标，为创建文明宿舍而努力，不能因为个人的不良行为或违纪行为而给宿舍抹黑，要在创建文明宿舍的过程中学会团结。

（2）我为人人。班主任要让学生认识到"文明宿舍创建从我做起"；让学生在创建文明宿舍的过程中学会整理、学会打扫、学会保持。

（3）室雅人和。文明宿舍需要有文化环境。班主任要引导学生发挥各人所长，为宿舍增添文化的气息，学会相互学习、相互合作。

53. 如何丰富住宿生的课余生活？

答：丰富多彩、积极健康的课余生活是促进学生身心发展最好的方式。班主任可以

> 教师之伟大，在于他（她）永远消耗自己，照亮别人。

通过一些途径给住宿生的生活增添更多的色彩。

（1）学会学习。班主任要引导学生积极阅读，鼓励学生在课余时间经常到学校的阅览室、图书馆，通过阅读提升自我。可以在班级中设置阅读角，定期利用班会课、团体活动的时间让学生交流心得，从而让爱阅读的学生更爱阅读，不爱阅读的学生慢慢喜欢阅读。

（2）开展活动。班主任可组织开展住宿生主题活动，例如寝室书画展、小制作义卖、住宿生好声音比赛、周末影院等；可建议学校开放实训多媒体教室、计算机教室，利用新媒体充实学生的课余生活，让学生上网查阅资料、观看影片；还可让高年级的学生利用课余时间积极创业，例如开网店、做微商等。

（3）组建社团。班主任可鼓励学生积极

问号是打开任何科学大门的钥匙。

参与各类社团活动,例如运动类的篮球、排球、网球等社团,手工类的编织、花艺等社团,艺术类的动漫、书法、绘画、街舞等社团。同时还可以引导学生根据专业特点,组建有专业特色的社团。

54. 如何培养住宿生的自理能力?

答:住宿生走出家庭,离开父母后,必须要面对社会,学会融入社会。他们要学会独立思考、独立生活,做到自强、自立。这就需要班主任积极引导和培养。

(1)学会自理。班主任要让学生学会自己收拾物品;利用新生军训,让学生学会整理内务,规范私人物品的摆放,从规范摆放牙刷、牙膏、被子、脸盆、毛巾等细小物品做起;同时,让学生规范宿舍内部公共区域的物品摆放,认真完成宿舍值日工作,做好

> 教学生借助已有的知识去获取新的知识,这是最高的教学技巧之所在。

本职工作。

(2)注意卫生。班主任要引导学生养成爱干净、爱整洁的卫生习惯,做到勤洗勤换,注意个人卫生,保持仪表大方得体。

(3)互学共进。班主任可组织学生开展丰富多彩的宿舍活动,例如男生宿舍与女生宿舍互看互学活动、男生洗衣比赛活动、男生宿舍与女生宿舍友好结对活动、宿舍整理比赛、文明宿舍评比、宿舍标兵评选等,并在活动中对学生加以激励与引导,让学生互学共进。

55. 如何引导住宿生进行合理科学的消费?

答: 班主任可以通过教育引导帮助住宿生树立正确的消费观与理财观。

(1)勤俭节约。消费要从养成勤俭节约

> 俯首甘为孺子牛，挥蹄勇作千里马。

的习惯开始。班主任要引导学生在生活中不随意倒掉饭菜，不盲目攀比，不损坏公共财物，养成随手关门、随手关灯、随手关水龙头的良好习惯。

（2）量入而出。消费要有计划，适度消费。班主任要引导学生根据自己家庭的经济状况选择合适的商品，明白父母的劳动所得来之不易，珍惜父母的劳动成果。可建议学生给自己的消费制订一定的计划，并记录消费清单，也可鼓励宿舍同学之间定期相互交流，相互提醒。

（3）合理消费。消费要有科学性。如果有的学生在正常消费情况下，生活费略有剩余，班主任可建议其进行文化、旅游、健康、人际交往等方面的消费，例如购买书籍、到学校所在城市的景点旅游、逛书店、健身等，提高自己的发展型消费水平。

> 为自己的心灵找一块净土,
> 静下心来沉迷于育人花园之中。

56. 如何进行住宿生晚自习的有效管理?

答: 职业学校住宿学生晚自习的效率较低,晚自习成为"熬自习"的现象较为普遍。为了让晚自习能够更有效率,班主任可以采取以下措施:

(1) 制订计划。晚自习的计划可根据专业的特点、学生的兴趣以及实际情况来制订,包含每日学习内容、每周学习内容、每学期学习内容等。

(2) 自主学习。班主任可结合学生所学的不同专业,为学生提供一些课外阅读参考书目。每个专业都有相关的一些杂志、报纸和书籍。班主任可以根据年级不同让专业老师提供书目,集中购买后放在教室共享,让学生利用晚自习时间阅读。

(3) 自主管理。班主任可以让班干部充

走下讲台给学生讲课。

分发挥作用,实现学生民主管理、自我管理。

57. 如何规范住宿生熄灯后的纪律?

答:(1)按时休息。班主任要让学生学会科学休息。学生每天保证充足的睡眠,可以减轻疲劳,放松心情,在第二天投入学习时成为一个精力充沛的人。

(2)相互尊重。班主任要让学生认识到:熄灯后应该保持安静,尊重他人,如果继续吵闹,就会影响他人休息。

(3)关爱他人。宿舍与家不一样,但又是住宿生的第二个家。班主任要引导学生改掉一些在家我行我素的毛病,树立公共意识、规则意识、平等意识、关爱意识。

(4)细心了解。班主任对班级的住宿生需要给予更多的关注与关心。发现白天有学

爱就是教育。没有爱便没有教育。

生上课睡觉时,就要询问一下宿舍就寝的情况;发现宿舍同学闹小矛盾时,就要及时了解情况;要经常与宿舍的室长沟通,让学生感觉到老师的关心。

58. 如何做好住宿生周末及节假日的留宿工作?

答:住宿生的周末、节假日留宿工作是一项常规但又十分重要的工作,不容忽视。

(1)家校共建。班主任要建立住宿生家长联系制度,及时联系住宿生家长,可以通过家校通短信的方式在周末、节假日将留宿与回家的学生名单及时反馈给家长,避免出现学生既没有回家又没有留宿的情况。

(2)严格制度。班主任应要求学生在周末、节假日选择留宿时必须填写申请单,注明具体日期,并及时告知家长,且学生本人与班主任均需在申请单上签字。从原则上说，在寒暑假学生不得留宿，也不能在宿舍内留宿本宿舍以外的任何人（如果学生在假期需要留宿，应签署假期留宿承诺书）。班主任应提醒留宿的学生：加强安全防范意识，妥善保管好贵重物品，将大额现金及时存入银行，做到人离寝室随手关门，外出注意交通安全，严格遵守交通规则，不乘坐无牌无证的交通工具。

（3）随时关注。对于假期留宿的学生，班主任需随时关心其留宿情况。可以通过宿管人员了解情况，也可以通过短信、微信或电话关心学生的留宿情况。

59. 如何处理宿舍失窃事件？

答：宿舍是学生的主要活动场所之一。由于人员密集，宿舍各项安全防范工作显然

> 勤勤恳恳工作，快快乐乐生活，堂堂正正做人。

是必不可少的，防盗更是重中之重。

班主任要让学生注意以下事项：

(1) 加强防护：随时锁门；不互串寝室；不留宿他人；做到换人换锁，并且不要将钥匙借给他人；笔记本电脑、平板电脑、手机等贵重物品不用时及时锁好，并妥善保管钥匙；不在众人面前展示自己的贵重物品和大量现金，开启密码箱时注意回避；不要将银行卡与身份证放在一起，也不要将银行卡密码写在卡上，更不要将密码告知他人。

(2) 冷静处理：发现寝室门被撬或宿舍东西被翻动时，应立即向学校保卫部门报告，并告知班主任；发现贵重物品被盗时，应及时报警，并保护好现场，等待公安、保卫人员的来临；如果发现银行卡、存折被盗，应尽快挂失，并配合公安、保卫人员的调查，协助破案。

教学相长。在教育和教学过程中,我们也会学到很多。

60. 如何处理住宿生生病事宜?

答:(1)保持渠道畅通。班主任要建立班主任、舍务老师、家长"三联系"制度,随身携带家长通信录或者在手机里存放所有家长、学生的联系电话,以方便及时联系。

(2)及时处置。如果有学生生病,班主任要根据学生的情况判断是否将其送往医院。若发现存在意外情况,需报警处理。在警方到达后,应积极配合警方解决问题。

(3)妥善安排。班主任了解学生的身体情况后要及时通知家长。如果学生需要前往医院治疗,班主任要提醒学生带好医保卡,并安排1~2名同宿舍学生陪同前往。如果学生出现较为严重的情况,班主任应陪同前往医院。

(4)做好记录。一般来说,学生生病的就诊情况主要由值班教师将内容记录在值班

教育学生,从爱出发。

记录本上,次日告知系部。如果学生有重大、危急情况,值班教师、班主任应第一时间向系部、学生管理部门、校领导报告。

第七篇 实习管理

61. 在学生实习期间班主任的基本职责有哪些?

答:

1. 认真学习贯彻文件

班主任要认真学习各级教育主管部门、所在学校关于学生实习管理的文件和相关规定,并在学生实习期间认真贯彻。

2. 在学生实习期间的班级常规工作

(1) 班主任要做好学生综合素质测评、学生奖惩工作。

(2) 班主任要做好学生国家助学金、奖学金评比工作。

(3) 班主任要做好学生学期评定并存档,及时签报有关材料。

先学会做人，再学会知识。

3. 对学生实习的常规管理工作

（1）班主任要定期巡点，督促实习生遵守各项规章制度，认真学习技能，把理论与实践相结合，培养能力，通过相关资格认定。

（2）班主任要帮助学生树立先就业再择业的观念，指导其融入企业，掌握职场工作的相关方法。

（3）班主任要培养学生爱岗敬业、诚实守信的品格和良好的职业道德。

（4）班主任要做好沟通和反馈工作，架起校企之间、家校之间、师生之间联系的桥梁。

（5）班主任要了解实习生的实习现状、岗位信息资料等，依据学生的个人能力、兴趣及社会需求给予建议与辅导，引导学生认真执行各项规定，积极参与毕业生推荐工作。

> 教学的艺术不在于传授本领，而在于激励、唤醒和鼓舞。

62. 如何进行实习生的返校管理？

答：

1. 提前告知返校时间

班主任应该事先通过班级网络群、家校通等途径通知学生返校时间，同时也应将返校时间通知实习生接收单位。班主任也应该提前告知实习生重要返校活动安排，使之明确返校目的。

2. 做好返校考勤工作

在返校当日，班主任要做好考勤工作，对无故缺勤的学生要按校纪校规处理。实习生若因工作原因不能返校，则应提前向班主任请假。在返校当天，班主任应和单位确认请假的实习生是否在岗，并要求请假的实习生补写假条。

3. 合理安排活动内容

返校日给班主任提供了向实习生传达学

捧着一颗心来，不带半根草去。

校布置的各项任务和了解实习生实习情况的良好机会。班主任可以安排一些与实习生息息相关的活动。

（1）收集常规材料。班主任可核对学生的毕业信息、账号信息、联络信息、成绩信息等，为以后发放毕业证书、发放奖学金、安排毕业补考等做准备。

（2）交流实习情况。实习生交流工作情况、经验和教训，能帮助学生掌握更多本专业、本行业的就业信息，为学生未来正式踏上工作岗位提供借鉴。班主任应了解学生实习中的困难，并给予指导帮助，也可要求学校或企业专业人员来班级做专门辅导。

（3）明确实习目的。班主任应引导学生调整实习心态，端正实习态度，鼓励学生在实习期间严于律己、锻炼技能，认真完成实习任务，注重积累，为实习结束后毕业论文的撰写打下基础。

> 教育技巧的全部奥秘就在于爱护儿童。

63. 如何与实习生保持有效沟通？

答：（1）建立网络群组。在实习期间学生分散，给班主任管理增加了难度，而建立QQ群或微信群有利于学生与学生、学生与班主任之间互相联系。班主任不仅可以在群里及时发布学校和班级的相关通知和信息，还可以及时得到学生对实习情况的反馈，随时掌握学生动向及心理状况，做到有问题早发现、早解决。班主任通过QQ群或微信群能很好地传递对学生的关爱之心，及时为学生排忧解难，增加与学生的多向互动，从而增强班级的凝聚力。

（2）就近分组。如果学生实习点分散，班主任就可以采用就近分组制度。班主任可根据实习点的远近分组，并在每组中选一名组长。组长要与班主任、同学保持联系，做到无事定期联系、有事及时联系，让大家感

> 让我们用自己的行为和自己的心去教育孩子。

到即使人不在学校,学校的管理、老师的教育、同学的关心也并没有离开。

(3)定期返校。班主任应要求实习生每月选择任意一个休息日回学校报到。如果实习生因工作原因无法返校,需提前向班主任请假,或请单位指导老师向班主任说明情况。如果实习生在外地实习无法返校,则需每月向班主任汇报实习情况。实习生返校时,班主任需与实习生认真交流,了解学生近期到岗情况、实习内容等相关信息,并填写相关实习资料。

(4)定期巡点。班主任每周应抽出一定的时间去实习生所在本地单位巡点,与实习生单位有关领导和指导老师交流,全面了解实习生的出勤情况、工作态度、工作能力等。对于在外地的实习生,班主任可以采用电话联系的方式了解情况。事后要认真撰写巡点记录。

表扬用喇叭，批评用电话。

64. 如何与实习单位进行沟通？

答：（1）勤巡点。在实习生上岗后，班主任应随即开展巡点工作，有计划、有目的地前往了解学生实习情况，及时获得实习单位对学生实习工作的反馈。遇到问题时，应及时协调处理，必要时迅速向上级部门汇报。一般对于市区范围内的实习单位，班主任都要到单位巡点，对于郊区及市外的实习单位则可以电话联系。要保证每周一次巡点或电话联系。

（2）多沟通。班主任应主动与实习单位进行有针对性的沟通，了解实习生在实习单位的各方面表现，例如实习生是否能很好地遵守单位的日常管理制度，是否能很好地融入所在集体，以判断学生在实习岗位上是否应该有所改变。

（3）重反馈。班主任应该重视实习单位

老老实实做人，认认真真教书。

对实习生表现的反馈意见，了解实习单位的真实需求，并将这些信息体现在今后的日常教学管理和人才培养方案中。

65. 如何与实习指导老师保持良好的沟通？

答：（1）巡点见面。班主任在实习巡点时不仅要与学生见面，与实习单位部门主管见面，与实习单位人事部门人员见面，也要与指导老师见面，了解学生学习专业技能的情况。

（2）定期开例会。班主任可以在每个月学生返校日邀请实习指导老师参与例会，与实习指导老师一起对学生进行阶段性点评。在做毕业设计、撰写毕业论文阶段，班主任可通过QQ群、微信群等增加网络模式的例会，邀请实习指导老师加入，在专业上对学

> 博学、耐心、宽容是教师最基本的素质。

生进行指导。

（3）共同跑点。如果实习指导老师不在实习单位，班主任也可以邀请实习指导老师参与跑点，一个月或一个季度一次。

66. 如何落实实习请假制度？

答：（1）组织学习实习纪律。班主任应在学生实习前组织学生学习实习纪律和请假制度，并通过家校通等平台告知家长，取得家长的配合，落实实习生请假制度。

（2）保持沟通，查岗到位。班主任要与实习单位保持联系，及时了解实习生上岗情况。要求实习组长按时汇报组内实习情况，以掌握实习生动向。学生在实习期间请假，事先需征得实习指导老师同意，再向班主任老师办理请假手续。针对临时有特殊情况请假的学生，班主任需要及时了解情况，并且

> 教育贵在一个"及"字,重在一个"斜"字,即使天天从小事抓起。

与家长联系确认,积极给予学生帮助。

(3)明确学生双重身份。班主任应向实习生明确以下内容:实习生在实习期间应严格遵守实习单位考勤制度和劳动纪律。实习生的法定假日及正常休息日按照实习单位员工休息及放假时间规定执行。实习生不得无故迟到、早退和缺勤。因故不能到岗的实习生,必须请假并得到批准,否则将被视为旷课。旷课的学生须认真做检讨。班主任要根据学生旷课的时数、情节和认错态度对其进行适当的批评教育,必要时给予其纪律处分。

67. 如何办理学生的自主实习?

答:按照学校相关实习规定,如被允许自主实习,实习生需办理相关手续。

(1)提交材料。自主实习生需向学校递

> 教师应该善于挖掘学生的潜能，培养他们包括学习能力在内的多方面能力。

交自主实习申请书、实习安全承诺书、实习协议等书面材料，按要求规范填写表格，并经实习单位、学生本人、家长等各方签字或盖章。所有材料一式三份，由学校、实习单位、学生本人各执一份。

（2）审核材料。班主任要认真审核，可以电话联系家长和实习单位，核对信息是否正确。班主任签字同意后要将相关材料提交所在系部审批，再交学校相关部门备案。

（3）调换单位。如果自主实习生在实习过程中调换单位，应先就"调换原因"向班主任提出书面申请，经学校相关部门审核批准后方可向原单位提出辞呈，并要确保五个工作日内到新的实习单位实习。到新单位后，实习生需重新填写所有书面资料。班主任需重新审核信息，核对正确后交给学校存档。

愿乘风破万里浪，甘面壁读十年书。

68. 如何处理实习生提出调换实习单位的要求？

答：（1）了解缘由。班主任要及时掌握实习生的思想动态，与实习生和实习单位取得联系，了解实习生调换实习工作的原因，并及时向学校汇报。如果实习生确有实际原因和困难，班主任就要联合学校和实习单位帮助实习生积极解决，确保实习生安心实习。如果实习生无合理原因却要求调换实习单位，班主任就要根据学校相关规定处理。

（2）办理手续。自主实习生要求调换实习单位，需向学校递交变更后的自主实习申请书、实习安全承诺书、实习协议等书面材料，按要求规范填写表格，并经实习单位、学生本人、学生家长等各方签字或盖章。所有材料一式三份，由学校、实习单位、学生本人各执一份。班主任要认真审核，可以电

> 亲其师，信其道；恶其师，疏其道。

话联系家长和实习单位核对信息。班主任核实后，要在相关材料上签字同意，并提交所在系部批准，再交学校相关部门备案。

（3）后续教育。实习生调换工作后，班主任要指导实习生总结经验与教训，促进其成长。

69. 如何引导实习生正确看待实习薪酬？

答：在实习过程中，薪酬是一个很受重视的问题。在通常情况下，薪酬的高低与雇员的责任感成正比，这也适用于实习生。

班主任可从以下三个方面对实习生进行引导：

（1）实习生在本质上还是在校学生，在实习期间还是应该以能在岗位上验证所学，获得更多的专业实践为目标，而不应过多关

> 每一个成功者都有一个开始。
> 勇于开始,才能找到成功的路。

注实习薪酬。如果在实习期间自己的专业实践水平有了很大的提高,能很好地胜任所在岗位,那么毕业以后的薪酬自然就不会少。

(2)各实习单位的薪酬水平不一,引起实习生之间相互攀比,也是部分实习生不满于实习薪酬的原因之一。这时班主任应该从实习单位的行业知名度、实习岗位与实习生本人的契合度、实习期满后实习生是否能被留用等多方面帮助实习生综合分析,以化解他们的攀比心理,使他们专心实习。

(3)在市场经济环境下,用人单位和实习生是双向选择的关系。如果实习生既不满意实习薪酬,也不满意实习单位和岗位,且这种不满意有合理之处,班主任应该按照学校相关程序帮助实习生及时变更实习单位和岗位,杜绝出现学生脱岗在家的情况,并把相关情况详细记录上报,以便学校相关部门研究,避免以后发生此类矛盾。

享受人文的课堂，享受动感的课堂，享受智慧的课堂。

70. 如何做好学生的毕业工作及毕业离校工作？

答：班主任的最后一项工作就是确保毕业生能够安全、文明离校。

（1）参加学校毕业活动。班主任应组织毕业生参加学校毕业照拍摄和毕业典礼，引导毕业生带着对母校的眷恋和感恩踏上社会。

（2）开展毕业主题活动。班主任可在班级组织开展以下活动：自制电子相册、毕业视频、纪念册等，写一封书信给学校、老师或同学等，唱响回忆师生情、同学谊的主题歌曲。

（3）及时通知相关信息。在学生毕业前后，很多就（创）业、升学信息会通过班主任传达给学生。顺利就（创）业、升学是学生人生旅途的重要一步。班主任需急毕业生

> 教育的真谛就是让孩子学会用眼睛去观察，用脑子去思考，用嘴巴去表达。

所急，想毕业生所想，管理 QQ 群等网络渠道，把信息及时传递给毕业生。同时及时了解毕业生的个人信息，更有针对性地指导毕业生做好相关工作。

（4）备份毕业生电子简历。毕业生离校后，学校往往还会发布就业信息。班主任可以根据毕业生本人意愿，帮助毕业生及时投递简历，获得面试和就业机会。

（5）做好心理辅导工作。面对新的转折点，毕业生或许有很多困惑和疑虑，班主任应不厌其烦地做好解困、答疑、心理疏导等工作，帮助毕业生处理好求职、择业方面的困惑，帮助未就业、受处分、需补考的毕业生树立信心，敢于接受人生挑战。

突发事件

71. 如何处理学生在校期间突发疾病的状况?

答:(1)班主任要初步询问学生病情的严重程度,如在上班期间,则要通知校医做初步诊断和处理。

(2)如果学生的情况较严重,需要前往医院就医,班主任应拨打120求助,并安排专人陪同学生去医院。

(3)班主任要及时通知家长。

(4)班主任要对生病学生进行照料、慰问及安抚,并协助学生做好保险理赔。

72. 如何处理学生离校出走事件?

答:(1)班主任要及时将出走学生的情

> 尊重和爱护孩子的自尊心，要小心得像对待一朵玫瑰花上颤动欲坠的露珠。

况向学生工作处的领导报告，然后与学生工作处相关人员一起查清出走学生的个人信息及出走前的情况，通过熟悉出走学生的学生，了解出走学生可能的去处，并组织人员寻找出走学生。

（3）班主任应协助学生工作处查明出走学生去向，与其取得联系，并劝其返校。如果无法查明出走学生的去向，班主任应在1小时内向学校突发事件应急领导小组汇报，同时通知学生家长，并向公安机关报案。

73. 如何处理学生在实训实习中发生的伤亡事故？

答：（1）班主任在得知学生发生伤亡事故后，应紧急组织现场人员对学生实施必要的初步救治，并将学生送往医院就医，必要时应立即拨打110报警、拨打120求助。

没有自我教育就没有真正的教育。

（2）班主任应及时向学校突发事件应急领导小组汇报（报告的主要内容包括事件发生的时间、地点、概况以及采取的措施情况、进展和下一步打算等），同时第一时间赶到现场或医院。

（3）班主任应协助应急领导小组组织相关人员展开调查，同时通知学生家长，做好家长及亲属的接待与安抚工作。在受伤的学生病情和精神状况稳定后，班主任要配合学校突发事件善后组，协助学生家长为学生办理请假、休学或退学等相关手续等。

74. 如何处理学生在校期间遭遇交通事故？

答：（1）班主任接到交通事故报告后，要简要询问来报者伤者是谁，伤势如何，出事地点具体在哪里，必要时拨打120求助、

三寸粉笔三尺讲台育花苗,
一颗丹心一生秉烛献春华。

拨打110报警;要留住当事人及目击证人,约定联络方式,再通知学校突发事件应急领导小组,并立刻赶赴现场救助伤者。

(2)班主任到达现场后要及时查看伤者伤势,协助救护人员及时将伤者送至医院救治,并安排人员随同伤者就医及帮伤者办理医疗住院手续等。若学生已死亡,班主任要在警方处理之后,协助做好车祸现场记录,并协助维持车祸现场的秩序。处理好上述工作后,班主任要及时通知学生家长。

(3)事后班主任需做好学生安全教育工作,安抚受伤学生的情绪,协助有关部门做好保险理赔工作,照料好受伤的学生。

75. 如何帮助学生从火灾现场快速撤离?

答:(1)班主任接到火灾报告后,首先要明确火灾发生的具体地点及灾情,然后通

> 为他人的幸福而工作，才能达到自身的完善。

过电话联系初步指导灭火及救助工作，并报告主管领导，必要时拨打119联系消防队、拨打120求助，同时联系学校保卫部门做好现场安全管制，再及时赶赴现场协助灭火。

（2）班主任到达现场后，要协助指挥现场人员运用灭火器材先行灭火和抢救，疏散各楼层学生及围观人员，切断电源，转移易燃易爆物品至安全地带，同时引导消防人员进行灭火与抢救工作。

（3）事后班主任要协助火灾鉴定小组对火灾原因进行调查，核实学生伤亡及财物受损情况，送受伤学生就医并组织看护、慰问及安抚，对受波及的学生做好暂住安排及安抚工作，最后还要对学生加强安全教育。

76. 如何处理学生在校期间的触电事件？

答：（1）班主任接到学生触电报告后，

> 好的课堂应该是让学生在课前有一种期待,在课中有一种满足,在课后有一种留恋。

首先应简要询问来报者何人触电,伤势如何,触电地点在哪,再立即指示学校电工切断电源,必要时拨打120求助,还要报告学校突发事件应急领导小组,通知学生家长,并立刻赶赴现场协助救援。

(2)班主任到达现场后,如果发现医务人员未到达,就要对触电者进行现场抢救,方法是:

① 若发现触电者神志清醒,则让其就地休息。

② 若发现触电者呼吸、心跳尚存但神志不清,则让其仰卧,同时保持周围空气流通,为触电者保暖。

③ 若发现触电者呼吸停止,则对其做人工呼吸;若发现触电者心脏停止跳动,则用体外人工心脏按压法帮其维持血液循环;若发现触电者呼吸、心跳全停,则同时采取上述两种救助措施。

> 志于道，据于德，依于仁，游于艺。

注意：现场抢救不能轻易中止，要坚持到医务人员到场后接替抢救为止。

④ 如果学生触电死亡，班主任应安排好现场保留工作，待警方处理后，协助维持现场的安全及秩序，协助调查事故原因。

处理好上述工作后，班主任应及时通知学生家长。

（3）事后班主任要安排人对触电者进行照料、慰问及安抚，协助触电者进行保险理赔，协助学校处理相关事务，还要稳定学生的情绪，并且要对学生进行安全教育。

77. 如何处理学生在校期间的食物中毒事件？

答：（1）班主任接到学生食物中毒报告后首先要初步确认中毒症状、学生人数，将学生中毒情况报告主管领导，必要时拨打

> 教师是火种，点燃了孩子的心灵之火。

120 求助，再通知学校医务卫生部门或致电卫生监督部门，请求有关人员及时赶赴现场协助救援。

（2）班主任到达现场后，要组织封锁现场，维持秩序，安排和指定人员随同学生就医，协助搜集相关证物样本，同时协助突发事件应急领导小组处理有关事务，还要及时通知学生家长。

（3）事后班主任要安排好学生的照料工作，协助追查责任者，协助处理善后工作，稳定学生的情绪，对学生进行卫生安全教育，配合学校与家长进行沟通。

78. 如何处理校园设施设备造成的学生受伤害事故？

答：（1）班主任接到由校园设施设备造成的伤害事故报告后，先要确认事故地点、

> 百花吐艳离不开园丁爱的奉献，硕果累累离不开耕耘者心的浇灌。

人员受伤情况，必要时拨打 120 求助，然后及时赶赴现场，并报告学校突发事件应急领导小组及卫生医务部门。

（2）班主任到达现场后，要协助维护秩序、安定学生，同时还要协助救助受伤人员，查看学生受伤情况，并安排将受伤的学生送往医院，再通知学生家长。

（3）事后班主任要安排人员照料受伤的学生，安抚、慰问受伤的学生，再协助有关部门查找事故发生的原因，配合学校与家长进行沟通，还要做好学生的安全教育工作。

79. 如何处理学生在参加学校组织的校外活动时发生的伤亡事故？

答：（1）班主任得知学生在参加学校组织的校外活动时发生伤亡事故后，应组织人员保护现场，必要时拨打 120 求助、拨打

> 一个人的知识越丰富，艺术修养越高，智力发展越好，对美的感受和理解也越深刻。

110报警，并报告学校突发事件应急领导小组，同时还要告知学生家长。

（2）班主任要协助有关人员调查事故发生的原因。

（3）事后班主任要做好学生的安全教育工作，并安排好对受伤学生的照料工作，安抚好学生家长。

80. 如何处理学生遭遇校园欺凌？

答：（1）及时汇报，及时处理。班主任知晓学生被欺凌后，要初步检查伤情，并及时将学生送往医院检查治疗。在了解欺凌事件的基本情况后要向学校安保部门汇报，协助安保部门调查事件的来龙去脉，根据学生管理有关规定进行处理，必要时及时向公安部门报案并配合调查。还要联系学生家长，共同关注受欺凌者，定期为其做心理辅导，

尚自然，展个性。

帮助其走出困境。

（2）排查建档，加强预防。对班内困难家庭子女、残疾学生、存在纠纷和积怨的学生、精神异常的学生、有暴力倾向或过激行为的学生、仇视社会或撰文滋事的学生，班主任要建档并上报。要及时处置各种苗头性问题，对个别品行不端的学生，要采用教育与矫正相结合的方法。要让学校的心理辅导教师充分发挥作用，对心理波动大、易发生心理疾病的学生进行心理干预，加强校园预防工作。

（3）宣传教育，增强自我保护意识。班主任要在班级内开展校园反欺凌教育宣传；开展主题班会，宣传有关法制知识和典型案例，帮助学生树立纪律观念、法制观念，建立良好的人际关系，培养学生与人交往、沟通、交流的能力。还可邀请有关专家做专题讲座，进行宣传教育，让学生了解校园欺凌的危害及后果，增强自我保护意识。

> 与有肝胆人共事，从无字句处读书。

81. 如何处理学生借"校园贷"？

答：（1）及时发现，立刻制止。班主任一旦发现学生借"校园贷"，需及时联系家长并了解情况。如果学生处于借款初期，班主任就要让学生立即还清，避免越陷越深；如果学生的借款时间长、额度大，班主任就应立即报警。

（2）开展专题教育，强化认识。班主任可在班内开展"校园贷"专题教育，分析"校园贷"的套路，用实际案例让学生认识到"校园贷"的危害。

（3）加强教育，预防为主。对班内出现的消费异常高、购买奢侈品的行为，班主任要及时了解情况并加以核实。学生进行"校园贷"一般并非为了学习、生活，多是为了购买电子产品、奢侈品等。班主任要通过主题班会和社会实践，引导学生合理消费，学会控制欲望、勤俭节约，不要相互攀比。

第九篇 家校合作

82. 如何帮助家长走近孩子？

答：(1) 了解内在。第一，班主任要帮助家长了解孩子的性格、兴趣爱好与心理需求等。性格一般分为外向型、内向型、内外结合型等。不同性格决定了孩子处事、表达、沟通等方面的差异。因此，家长首先要了解孩子的个性特征。第二，班主任要帮助家长了解孩子的心理需求。亲子关系不好的主要原因是家长不了解孩子的心理需求，忽略了孩子的心理感受，不能及时有效地接纳孩子的情绪。班主任要帮助家长掌握必要的青少年心理常识。

(2) 有效沟通。班主任要帮助家长与孩子进行有效的沟通。一是要让家长掌握沟通的平等原则，即沟通方式平等、沟通角色平

> 成人比成才重要，会学比学会重要，进步比领先重要。

等、沟通言语平等。二是要让家长掌握沟通的适宜原则，即在合适的时机、合适的地点，用合适的情绪沟通合适的话题。

（3）正视问题。班主任要帮助家长正确认识孩子成长中的问题。要把孩子在校的良好表现当着孩子的面告诉家长，让家长发现孩子身上的闪光点。

83. 家校联系的方法有哪些？

答：（1）召开家长会。根据学校工作进程，班主任可在期中、期末考试结束或举行大型活动之前召开家长会，在班内对学生的在校表现进行面对面评价，表扬优点，并提出建议及今后努力方向，使家长了解自己孩子及整个班级孩子的思想动态、学习情况、行为表现等。家长也可以单独与班主任沟通，了解孩子的表现，找出孩子的不足，然

> 在教学上,要做教师兼学者;在写作上,要做学者兼教师。

后对孩子加以教育。

(2) 建立家长学校。班主任可邀请专业的教育理论工作者给家长做理论辅导和专题讲座,让家长掌握基本的家庭教育知识;应及时召开家庭教育问题研讨会、沙龙等,交流教育经验与教训;应及时将对学生进行的定性、定量分析的信息反馈给家长,使家长在了解学生共性问题的基础上,结合子女的个性问题,考虑具体教育措施和方法;可让一些优秀家长充分发挥示范引领作用,请家长代表分享养育经验。

(3) 多样家访。班主任要改变上门访这种单一家访模式,把电话访、微信访、QQ访、写信访等与上门访结合起来,扩大家访面。

(4) 电话联系。如果学生遇到突发事件或紧急情况,班主任就要及时与家长沟通联系。但如果问题较复杂,班主任就应与家长

> 处处留心皆学问，肯学终为人上人。

当面沟通。

84. 如何进行有效的家访？

答：(1) 明确目的。班主任上门家访，让学生感受到班主任的关心和重视，对学生是一种激励，对家长是一种触动，容易使教育形成合力，产生良好的教育效果。因此，班主任进行家访时要做到目的明确、内容具体，并做好充分的准备。

(2) 和善交谈。有很多家长尤其是成绩暂时落后的学生的家长对老师的家访持有戒备心理。如果班主任在家访时只是一味地指责学生的错误，抱怨家长的不负责任，就将引起家长和学生的反感，导致家访工作失败。

(3) 相互尊重。家访时班主任要尊重家长，与家长平等交流，建立互相信任的关

> 教师的工作是教书育人,不光是传授学生知识,更要教学生怎样做人。

系,共同探讨教育学生的方法。无论家长的效率高还是低,他们提出的建议正确还是错误,班主任都要重视,认真听取,因为在教育学生这个问题上,家长和教师的出发点是一致的。只要班主任与家长互相尊重、互相体谅,就能互相配合、互相支持,共同把学生教育好。

(4)学生在场。如果班主任仅仅是和家长交流,就不一定能全面了解学生各方面的情况。当学生出现问题时,班主任和家长要想真正了解事情的来龙去脉,就必须让学生自己陈述。谈到学生的不足时,如果班主任和家长的表述不准确而学生又不在场,事后就容易引起学生误解、争辩,所以只有在学生在场的情况下,班主任和家长才能了解学生各方面的真实情况,也才能找到有针对性的、学生乐于接受的教育措施。

(5)记录反馈。每次家访后,班主任应

> 人生的目标在于不断追求,
> 人生的价值在于奉献。

及时写出详尽的家访记录,把家访过程、达成的共识、受到的启发及发现的问题一一记录下来,并与学生在校内的学习、行为表现等联系起来,从而找到教育的契机,确定有针对性的教育方法。

85. 如何调动家长参与学校活动的积极性?

答:(1)拓宽渠道。班主任可通过家校通、QQ群、微信群等平台与家长保持密切的沟通和联系。学校举办的各类活动对学生成长很有帮助。班主任要把学生在校参与活动的成绩和风采及时告知其家长,增进家长对学生的了解。

(2)共同参与。班主任可邀请家长参与主题教育活动,感受家校协作的力量。组织家长适时参加学校的一些主题教育活动,如

> 仁义礼智,非由外铄我也,
> 我固有之也。

军训会操、学校开放日、成人礼仪式、艺术节展演等,让家长感受到家校合作的力量。

(3)协同育人。家校协同开展教育活动能满足双方教育需求。班主任可借助家长委员会,号召家长参与学校某些教育活动的组织和实施,实现家校的资源整合,形成教育的最大合力,让家长在参与的过程中获得成就感和价值感。

86. 如何请家长协助组织学生开展社会实践活动?

答:(1)宣传动员。班主任要做好宣传动员工作,让家长充分认识到社会实践活动的必要性。参加社会实践是课堂的延伸,也是学生了解社会、认识社会的必修课程之一。班主任要在学校相关政策引领下做好宣传动员工作,让家长与学生认识到参加社会

> 宽容别人等于祝福自己。

实践的必要性。

（2）共同讨论。班主任要组织好座谈讨论，明确参加社会实践活动的重要性。可邀请参加过社会实践的学生做现场演讲，让家长和学生明确知道参加社会实践有利于专业知识的内化与职业能力的增强，有利于职业素养的全面养成，有利于今后职业生涯的可持续发展。

（3）区校共建。班主任可充分利用家长资源，邀请与专业相关的行业专家定期到校开展讲座，让学生走近企业；可充分利用学校周边社区资源，与社区签订"家校社共建协议"，让学生走近社会。

87. 如何使学校、家长和企业的沟通渠道畅通？

答：（1）书面交流。班主任可以通过家

> 师生之间心与心的交汇之处是爱的圣地。

校联系册、致家长的一封信、顶岗实习协议等书面资料,通知家长、企业学校的计划和日常活动,让家长、企业增进了解,让家长及时了解学校动态及孩子在校、在企业的一些情况;同时及时了解家长及企业的反馈意见以及对学校教育教学工作的意见和建议。

(2)当面沟通。班主任可通过家长座谈会、上门家访、请家长到学校、下企业回访等途径,及时向家长、企业了解或汇报学生的情况。这有利于家长、企业做出相应的反应,有利于三方沟通。

(3)利用信息技术。班主任可定期通过家校通、QQ、微信等平台,与家长、企业保持紧密的联系和沟通。

88. 如何开好家长会?

答:(1)资料收集。班主任要做有心

> 性格的培育是教育的主要目的，虽然它不能算是唯一的目的。

人，将平时观察、了解到的情况记录好并注意归纳梳理，对每个学生做全面分析。还应同任课教师联系，注意倾听任课教师的意见。评价学生时，既不能自以为是，也不能盲目相信。

（2）多元参与。班主任汇报班级情况时要注意：一是切忌"一言堂"，应让多个角色共同参与，可以请学生、任课教师一起汇报；二是涉及少数同学的问题，对大多数家长来说不是热点，不能引起多数与会者的共鸣，所以班主任尽量不讲。

（3）放大优点。班主任和家长单独谈话时要讲究艺术。要"放大"学生的优点，"缩小"学生的缺点，即多赞扬，少批评。

89. 如何办好家长学校？

答：（1）规划课程。班主任要想办好家

> 知识不存在的地方，愚昧就自命为科学。

长学校，首先要做好课程规划，制定好课程大纲，制订详细的课程计划，如课时、开课时间、课程内容等，并提前通知家长按要求做好准备等，使家长来到家长学校有话可说，有事可做。

（2）丰富内容。家长学校的开课内容需涉及方方面面，如学习有关法律法规的有关章节，推荐介绍优秀家教读物，组织家长交流教育子女的经验，或者就家长关心的热点问题、难点问题进行沙龙讨论等。

（3）多元授课。家长学校的学习对象是家长，因此，家长学校的授课方式一定要符合成人的学习心理和规律，把学、讲、听、做、看、谈、想、写这八个方面有机地结合起来，比如学法规、讲遵守、听报告、模仿做、看展览、谈体会、想实际、写文章，鼓励家长动脑、动口、动手——想问题、出主意、提意见、说看法、多总结、勤动笔。

教师施爱宜在严爱与宽爱之间。

（4）有效互动。组织切实可行的互动活动，既可以促进班主任与家长的交流，又可以让家长喜欢家长学校。比如：班主任可组织"亲子运动会"，安排家长与学生一块参加活动；可组织"学校大联欢"，请家长、任课教师和学生一起登台演出；可设置"家校联系箱"，收集家长对学校、对教师的意见、建议；可设置"家长热线"，倾听家长心声。

90. 如何让家长积极配合学校的教育教学工作？

答：（1）了解概况。班主任要让家长了解学校教育教学概况。通过家长开放日、家长会等形式让家长走进学校，了解学校教育教学以及其他管理工作，了解学生专业的相关情况、未来发展以及学业要求等。

> 教师的工作是激发孩子对人生无限的好奇心。

（2）沟通得当。班主任要懂得与家长有效沟通的方法。尊重是教师与家长沟通的前提。班主任应公正地评价学生的在校表现和家长的家庭教育工作，与家长共同研究解决问题的方法，向家长征求意见，虚心听取他们的批评和建议，及时改进工作。

（3）激发热情。班主任要激发家长参与家校合作活动的热情，掌握与家长交谈的技巧，学会先扬后抑，报喜也报忧，即先肯定孩子的优点，再指出孩子存在的问题，让家长看到孩子身上的闪光点，用微笑拉近与家长的距离，用真心感动家长，以增进彼此的理解，与家长在教育孩子方面达成共识，形成教育合力。

91. 如何让家长了解学校、了解职业教育？

答：（1）建立组织。班主任要充分发挥

> 踏踏实实做人,认认真真做事。

好家长委员会的作用,保持家长委员会的生机与活力,及时倾听家长的心声,指导家长委员会带领班级家长关注学生的学校教育,关注学生的未来发展。

(2)开放共享。班主任可开展"教学开放日"活动,让更多的家长进入学校、进入课堂、进入实训车间,了解学生的学习情况,了解课堂及实训的情况,从而增强学生学习的自觉主动性,加强教师、家长、学生相互之间的了解、信任和尊重。

(3)丰富形式。班主任可聘请专家学者、企业管理人员、行业能手以及优秀毕业生等为家长讲解、介绍职业教育的发展现状、未来发展趋势等,让家长正确理解职业教育,对孩子的未来充满信心。

第十篇 班主任成长

92. 班主任专业成长的内涵和基本途径有哪些?

答:

1. 内涵

班主任专业成长的内涵是扎实掌握德育与班主任工作的理论知识,具有班级建设与管理的能力和技巧,积极提高自身的职业素养,全面有效地履行班主任职责。

2. 基本途径

(1) 内因激发式。班主任应制定专业发展规划,提出发展目标,加强学习专业知识,加强个人研修,不断更新观念和方法。

(2) 专家引领式。班主任应认真听取专家的讲座,学习先进的专业德育理论和班级管理理论。

扬黄牛精神,做平凡工作。

(3) 师徒帮扶制。班主任可以师徒结对、同伴互助的方式,促进专业成长。

(4) 沙龙研讨式。班主任可参加有关沙龙、座谈研讨会,促进专业水平提升。

(5) 工作室互助式。班主任工作室中的成员应努力发挥各自的作用,整合资源,促进专业发展。

93. 班主任应具备哪些基本能力?

答:(1) 组织管理能力,包括计划能力、常规管理能力、组织活动能力、判断能力、决策能力、指导能力、协调能力等。

(2) 创新学习能力。班主任在工作中应不断创新,有新思维、新举措、新内容。

(3) 思想教育能力。班主任要具有善于做好学生思想教育工作的能力。

(4) 交往和表达能力。班主任要善于与

> 黑发不知勤学早，白首方悔读书迟。

家长和社会联系，取得家长和社会的支持，与家长和社会形成教育合力，共同对学生进行有效教育。

（5）自我反思能力。班主任要不断反思知识储备、能力是否满足教育需求，工作方法是否得当，自己是否了解每个学生等。

（6）自我控制能力。在处理学生问题不被理解，工作不被认可和重视时，班主任应保持理智，有控制自己情绪的能力。

94. 班主任的基本教育方法有哪些？

答：（1）说理教育法。说理教育法是通过摆事实、讲道理，使学生加强认识、明辨是非、形成正确观点的一种方法。

（2）激励法。激励法是激发学生正确的动机和内在动力的一种方法，主要有以下几种：责任激励、理念激励、奖罚激励、荣誉

> 对待学生,多一些赞美和鼓励,少一些指责和批评。

激励、情感激励、目标激励、竞赛激励。

(3) 榜样示范法。榜样示范法是以榜样的人格力量,引发学生在感情上的共鸣,给学生以鼓舞、教育、鞭策,激发学生模仿和学习愿望的一种方法。

(4) 角色模拟法。角色模拟法是通过模拟角色,让学生进入情境,担当不同角色,表演、体验、理解角色,从而掌握正确的道德观念和行为规范的一种方法。开展角色模拟活动的步骤:选准角色—渲染情景—实践操作—体验交流—提炼升华。

(5) 心理暗示法。心理暗示法是用含蓄、诱导的间接方法对学生的心理和行为产生影响,引导学生按照一定的方式去行动或接受一定的意见,使其思想、行为与暗示者期望的目标相符合的一种方法。分为环境暗示、语言暗示、行为暗示、经验暗示、印象暗示等几种。

永远不要嘲笑别人的梦想。

(6) 契约管理法。契约管理法是在班级中通过契约与学生一起明确各自的权利与义务，进而实现管理目标的一种方法。

(7) 家校合作法。家校合作法是与家长合力教育学生的一种方法。

95. 班主任如何走进学生的心灵？

答：(1) 班主任要尊重和爱护学生。

(2) 班主任要公平和公正地对待学生。

(3) 班主任要赏识和宽容学生。

(4) 班主任要给予学生空间和笑容。

(5) 班主任要了解学生的困难和需要。

96. 班主任课题研究的重点及方法是什么？

答：

1. 重点

十年树木，百年树人。

（1）班主任在实际工作中发现的对各类学生的管理、教育以及家校沟通等方面的问题。

（2）针对问题，确定选题，研究解决问题的方法。

（3）利用研究成果解决问题，增强能力，促进专业发展。

2. 方法

研究方法以实践方法为主，如调查研究、行动研究、实验研究、个案研究等。

97. 德育课题的选择应注意哪些问题？

答：（1）课题要以工作中的问题为研究导向，力求明确具体，不宜选得太宽、太大、太复杂。

（2）课题要紧密结合班级管理中的工作实际，如班集体建设、班团干部能力培养、

不尊重学生，就是不尊重自己。

班级教育工作、学生冲突问题解决策略、加强家校合作的方法及策略等。

98. 如何设计（撰写）德育课题研究方案？

答：课题研究方案主要包括以下几个方面：

（1）课题名称。名称包含对象、范围、内容、方法等，要保证主题确切、切口适宜、方法可行。

（2）课题研究的背景和意义。背景主要介绍为何研究此课题，包括宏观背景、德育现状、班级管理现状的微观背景、实际困惑或难点等。意义包括实践意义与理论价值。

（3）国内外研究及实践现状分析。具体分析内容为：该课题研究涉及的理论；该课题研究涉及的国内具体做法（一般列举2~

> 教师要融于师生的相互理解中。

3个）及实践特征；本人进行该课题研究的实践基础与切入口。

（4）研究目标与研究方法。具体内容包括核心概念界定、研究目标与研究方法。核心概念一般涉及3~5个。研究目标应针对概念和"问题"提出，有明确的指向性（指向学生或教师），注重实践与理论相结合，有序、具体、明了，并具有可评价性。

（5）课题研究的主要内容（重点）。包括该课题研究的理念、整体构思框架，以及对构成实践系统的环节所做的简明的具体方向性说明。

（6）研究进程安排（简介）。研究进程包括开始阶段、实施阶段和总结阶段。

（7）课题研究的主要内容及成果等。

耕耘在绿草地，此生无怨无悔。

99. 班主任如何进行工作中的自我反思？

答：（1）在思想品德方面，班主任应反思自己是否热爱教育事业，是否敢于承担责任，是否能用爱心去关爱每一个学生。

（2）在知识素质方面，班主任应反思自己的知识储备、能力是否满足教育学生的需求，是否有终身学习和不断创新的能力，能否用教育科学理论解决学生各方面的问题。

（3）在工作方法方面，班主任应反思自己对学生是否言行一致，工作方法是否得当；处理学生的问题时是否对学生产生了不好的影响。

（4）在心理素质方面，班主任应反思自己是否始终如一地追寻自己的人生目标；对琐碎的日常教育工作是否能保持精神饱满、头脑清晰；在处理棘手问题的时候，是否能

静坐常思己过,闲谈莫论人非。

有效控制自己的情绪。

100. 班主任如何提高工作艺术水平?

答:提高工作艺术水平的原则是以理服人、以情感人、抓住契机、榜样示范、陶冶教育。班主任可从以下几个方面着手:

(1)适当地下放权力,让所有的学生都能够适当地参与班级管理。

(2)学习更新观念,言传身教,做学生的榜样。

(3)言出必行,坚持原则,以人为本。

(4)学习"慢、缓"的问题处理方法,学会批评的艺术。

(5)宽严适度,多倾听、多沟通,不带着情绪处理问题。

(6)积极帮助学生获得成功的体验。

世事洞明皆学问，人情练达即文章。

101. 班主任基本功竞赛有哪些内容？如何准备？

答：班主任基本功竞赛围绕班级主题教育活动设计，从班级建设中疑难问题的解决，学生教育管理中相关政策、法规、原理、方法的掌握和运用等方面开展。

1. 笔试

（1）主题班会方案设计。方案包括总体构想（题目、教育背景、班情分析、教育目标、教育方法、设计思路）、活动准备和实施过程（具体步骤、内容安排、使用方法、预期效果、总结拓展）。

（2）相关知识测试。相关知识主要包括习近平总书记关于加快发展现代职业教育的重要指示以及《中等职业学校学生公约》等与班主任工作联系紧密的相关内容。

> 非学无以立身,非教无以立国。

2. 面试

(1) 教育故事演讲问答。讲述自己在工作中遇到的真实、典型的案例(要求有主题、有过程、有效果),并回答评委的问题。

(2) 模拟情景答辩。一是根据抽签提供的具体情景,进行模拟性的体验和思考,提出解决问题的策略和方法;二是回答评委的问题,紧扣评委提出的问题,陈述观点。

3. 备赛

(1) 政策法规方面:熟悉、掌握关于未成年人保护方面的法律、法规的主要内容;学习《关于加强中等职业学校班主任工作的意见》《中等职业学校德育大纲(2014年修订)》等文件精神。

(2) 管理实践方面:积累建班育人的能力,包括班级主题教育活动设计能力、班级建设疑难问题解决能力、学生教育管理能力、家校沟通能力等。

创新创业

102. 职业学校为什么要开展创新创业教育?

答:(1)创新创业教育是知识经济发展的必然要求。职校生在知识经济时代应该具有创新精神和运用知识、信息去创业的本领,通过创新创业教育来培养创新精神和创业本领,以实现更好地就业或创业。

(2)创新创业教育是培养应用型人才的有效途径。职业学校通过开展创新创业教育,使学生善于观察、勤于思考,具有远见卓识和丰富的想象力,让学生在理论知识、实践经验、专业技能、业务基础等方面得到锻炼,培养学生的理想、信念、意志、毅力等,从而使学生能担负起创业的重任。

(3)创新创业教育是职校学生求职择业

的现实需要。职业学校让学生接受良好的创新创业教育,能使学生毕业后得到更好的发展,以良好的创业素质和能力去接受就业、创业更新的挑战,使学生不仅能成为求职者,也有可能成为工作岗位的创造者。

103. 班主任可以在班级内开展哪些形式的创新创业教育?

答:(1)创新创业意识的培养。班主任可以让学生学习创业成功人士的创业故事,了解他们创业的艰辛和为此付出的努力,从中了解创新型人才的素质要求;培养学生的创新意识和创业精神,帮助学生了解创业的概念、要素与特征等,使学生掌握开展创业活动所需要的基本知识。

(2)创新创业能力的培养。班主任可以通过各种班级活动,有意识地培养学生的批

> 今天的积蕴,是为了明天的放飞。

判性思维、洞察力、决策力、组织协调能力与领导力等各项创新创业素质,使学生具备必要的创业能力。

(3) 创业环境的认知。班主任可以通过举行企业家报告会、走入企业进行调研等方式,引导学生认知当今企业及行业环境,了解创业风险,掌握商业模式开发过程、设计策略及技巧等。

(4) 创业实践的模拟。班主任可以通过撰写创业计划书、模拟实践活动等形式,鼓励学生体验创业准备的各个环节,包括创业市场评估、创业融资、创业流程与风险管理等。在可能的条件下,在校内组建班级学生创业团队,通过真实的创业实践增强学生的创业能力。

> 感人肺腑的谈话，能医治孩子心灵的创伤。

104. 班主任开展创新创业教育的途径有哪些？

答：（1）开设课程。班主任可以就业与创业指导课为依托，结合课程开展撰写创业计划书、市场调研等活动，培养学生的创新创业意识。

（2）模拟锻炼。班主任可以学校的创业园为平台，打造班级创业团队，最好选择与专业相关的创业项目，让学生在模拟创业的环境中得到锻炼。

（3）实战演练。班主任可寻求企业帮助，将班级的创业项目与企业相结合，让学生在真实环境下进行实战演练，获得创业规划、团队组建、公司开办流程、财务规章等方面的实用技能。

俯首甘为孺子牛，挥蹄勇作千里马。

105. 班主任如何帮助学生寻找创意的灵感？

答：（1）增强观察能力。班主任应着力引导学生注意观察身边的事物，培养学生丰富的联想能力，引导学生通过发现生产、生活中的不足产生改进的想法，如：通过拓展原来产品的功能，提高产品的附加值；通过不同产品间的功能组合，创造新的产品；针对不同人群的特殊需要，改变产品的特性参数；等等。

（2）开展思维碰撞活动。班主任可组织头脑风暴式的集体讨论，让学生在思维碰撞中产生新的思想火花。不要轻易否定学生的奇思妙想，应对新的想法给予足够的支持，鼓励学生大胆思考和创新，并积极付诸实施，制作样品，申请专利，激发学生的创新热情，让学生养成主动寻找生活中的新创意

> 爱就是教育，没有爱便没有教育。

的习惯。

106. 班主任如何辅导学生走好创业的第一步？

答： 创业是一项艰苦的工程，创业重要的素质包括创新、坚持、坚强、专业、专注、尊重、诚信。学生在具备了这些素质的基础上，加上自身努力，就能走好创业的第一步。班主任可以从以下几个方面对学生进行有针对性的辅导。

（1）做好市场调研。市场调研是创业的第一步，以避免创业冲动与现实脱节。为此，班主任要指导学生做好市场调研。主客体的定位、目标市场的潜力测评等准备工作都必不可少。

（2）激发兴趣。班主任要激发学生的创业兴趣，因为兴趣是创业者坚持到底的原动

> 空谈不如实干,踱步何不向前行。

力。创业者对事业有浓厚的兴趣才能在事业上有所创新,瞄准目标努力拼搏,百折不挠。

(3) 培养综合能力。班主任要培养学生的综合能力。综合能力包括以下三种:一是相关的管理和营销的能力。创业者应先从事一线的管理和销售工作,为自己的成功增加筹码。二是资金能力。创业者要有充分的资金支持所选项目的日常运作。三是调动社会资源的能力。市场开拓和产品推广都需要充分调动社会资源,如人脉等。

(4) 收集相关信息。班主任要指导学生在选择项目时充分收集相关信息,如市场前景和竞争激烈程度等。

(5) 精心选址策划。班主任可为学生创业选址提供建议。只要选择了一个好的营业地点,创业就成功了一半。要想找到价廉物美的店面,实地考察是最有效的手段,这也

先学会做人,再学会知识。

是创业者选址必做的"功课"。

(6) 做好充分的运营准备。班主任可与学生一起讨论需要做哪些运营准备。一般来说,在做好前期准备工作的同时,创业者还要了解国家的相关政策,熟悉当地市场,开发潜在客户,招募足够多的工作人员并做好培养工作,这样才能从容应对开业时的繁忙。

(7) 加强团队协作。年轻的创业者最容易忽视的一个问题就是团队协作。没有团队协作,企业就无法获得可持续发展的动力。班主任要强化学生的团队协作意识。

第十二篇 心理健康教育

107. 如何组织学生开展心理健康教育活动？

答：(1) 开设心理健康教育活动课。班主任可结合主题班会，以活动体验为主、知识讲授为辅，围绕班级学生身心发展特点，设计开发心理健康教育活动课。

(2) 开展心理素质拓展活动。班主任可结合学校的课外活动、研学活动，以户外心理训练、心理游戏为主要形式，开展班级心理素质拓展训练活动。

(3) 引导学生创编心理情景剧。班主任可让学生自编、自导、自演心理情景剧，深化对心理或行为问题的认识，宣泄内心的负面情绪，感悟身临其境、换位思考的人生意义。

捧着一颗心来,不带半根草去。

此外,班主任还可以通过组织心理主题黑板报、手抄报、心理观影、征文、演讲、手语操比赛、心理微电影、心理漫画等活动,开展心理教育。

108. 如何应对学生升学与就业选择困惑?

答:(1)开展"我的生命线"活动。班主任可让学生回顾生命中一些特殊的事情,记录过去对自己影响重大的事件、生活中的困难以及未来自己将要面对的事情等。

(2)组织人物访谈。班主任可联系已经升学或者就业的学生,通过"人物访谈"的形式让他们向班内的学生讲述关于就业或升学的真实想法。

(3)让学生列出"决策平衡单"。班主任可让学生列出影响升学或就业选择的各种

表扬用喇叭，批评用电话。

因素，然后按照各种因素的重要性依次排序，并赋予相应的分值。

需要注意的是，班主任不能代替学生做选择，而应通过各种途径，帮助学生理清思路，分析升学与就业的利弊，让学生找到适合自己的奋斗目标。

109. 如何开展生命教育？

答：生命教育就是让学生认识生命、尊重生命、珍惜生命、热爱生命、感恩生命。班主任可以通过组织丰富多样的活动让学生感受生命的美好和精彩。

110. 如何辨别学生是否网络成瘾？

答：中国青少年心理成长基地制定了初步判断网络成瘾的9条标准：

（1）渴求症状：玩游戏的冲动特别

老老实实做人，认认真真教书。

强烈。

（2）戒断症状：不能玩游戏的时候，会生气、焦虑、难过、受挫。

（3）耐受性：对游戏投入的时间与精力增加。

（4）难以停止上网：一旦被阻止上网就会特别生气。

（5）因为玩游戏而减少了其他的兴趣：有了网络游戏后，之前已有的兴趣都被暂时搁置。

（6）即使知道后果非常严重，也仍过度玩游戏：没有办法停止玩游戏，因为一旦停下来，自己就无法承受。

（7）向他人谎报玩游戏的时间和费用。

（8）用玩游戏来回避现实或缓解负面情绪。

（9）玩游戏危害到了自己的友谊、工作，或导致自己失去教育或就业机会。

> 博学、耐心、宽容是教师最基本的素质。

如果学生的情况满足 5 条，只是程度不一样，班主任就要意识到学生可能已经网络成瘾了，应与家长沟通，邀请专业人士进行评估及干预。

111. 如何运用迪士尼策略来处理班级突发事件？

答：在迪士尼策略中，研究者从"梦想家""实干家""评论家"三个不同角度来研究同一个问题，最大限度理清问题。班主任可运用该策略，按照以下方法处理班级突发事件：

1. "梦想家"提示

"梦想家"没有任何限制地想象一件事可能达到的发展程度及产生的影响，以找到实现这个梦想的力量和状态。班主任可以从以下几方面思考：

愿乘风破万里浪,甘面壁读十年书。

(1) 我要达到什么目的?

(2) 这件事对班级中的每一个人会有什么影响?

(3) 处理完这件事后,学生们的行为表现会有什么不一样?

(4) 学生们的变化带给我的感受是什么?

2. "实干家"提示

"实干家"关心如何将梦想转变成可操作的行为,尽可能从不同的视角提出可行的方案和行动细节。班主任可以从以下几方面思考:

(1) 要实现这个计划,我应采取什么行动?

(2) 我的行动计划和具体步骤是怎样的?

(3) 我可能需要什么人、事、物或其他资源来帮助?

亲其师，信其道；恶其师，疏其道。

3. "评论家"提示

"评论家"用批判的眼光来评估实现梦想可能出现的困难和危险，使梦想变得更切合实际、更容易操作。班主任可以从以下几方面思考：

（1）如果出现特殊情况，我应该怎么样？
（2）我可能会遇到什么困难？该如何应对？
（3）我该如何平衡各方面的分歧？

112. 如何巧用语言让学生面对负性事件时调整认知？

答：（1）巧用因应问句，帮助学生从谷底上升。班主任可使用因应问句，让学生看见自己的能力所在，帮助学生整理自己过去用过而且有效的方法。在使用因应问句时，要尽量问学生："你是怎么熬过来的？""你是怎么撑下去的？""你是怎么愿意持续

不要随便给一个人定性。

的?""为什么没有变得更糟?"

(2)巧用一般化技巧,帮助学生消除过于焦虑的情绪。太过焦虑、紧张会导致学生无法清楚地看清问题本身。班主任要让学生意识到他所遭遇的问题是普遍性的,他的负面感受是在相同处境下的人都会有的正常感受,让学生觉得不那么孤单或特殊,从而让学生看清问题并解决问题。这种方法叫作"一般化技巧"。采用"一般化技巧"常用到的语言:"大多数人也会如此。""一般人遇到……也可能做类似的事情。""根据……(经验或发展理论)。"

113. 如何运用非暴力沟通来与学生交流?

答:非暴力沟通包含以下几个要素:

(1)观察:客观描述结果,不带任何

> 教育的真谛就是让孩子学会用眼睛去观察，用脑子去思考，用嘴巴去表达。

评价。

班主任在观察到任何现象时，不管是否喜欢，都应只清楚地表达观察到的现象，而不做出任何判断或评价。例如："我看见你上课时趴在课桌上"，这是表达观察到的现象；而"我看见你上课时在睡觉"，这就是评价。

（2）感受：表达自我感受并聆听他人的想法。

班主任在观察到某种现象后，要先向学生真实地表达自己内心的感受，同时倾听学生的感受。只有这样，师生之间才能有效沟通并产生心灵的共鸣。

（3）需要：挖掘彼此内在的需求。

面对班级管理问题，班主任只有走出自责或指责对方的泥潭，关注自己和他人的需要，以及内在生命的连接，才能真正做到体贴包容，找到正确的解决问题之道。

> 尊重和爱护孩子的自尊心，要小心得像对待一朵玫瑰花上颤动欲坠的露珠。

（4）请求：具体、明确、可选择。

班主任提出请求，就是要清楚地告诉学生应该做什么，这与命令有着根本区别。

非暴力沟通注重让人觉察自我感受和需求，既诚实、清晰地表达自己，又尊重他人，用心体会他人的感受和需要，从而达成自我与自我、自我与他人的和解。将非暴力沟通运用到工作中，有利于班主任改变教育节奏，拓宽教育视野，提升教育境界。

114. 如何运用 SFBT 问询技术与学生进行沟通？

答：（1）成果问句。班主任可在开场阶段运用成果词句，了解学生的动机与期待，将沟通导向正确的方向。如像这样提问："你希望参加这个活动后自己的生活有怎样的改变？"

> 志于道，据于德，依于仁，游于艺。

（2）奇迹问句。班主任可运用奇迹问句，为学生树立深层的信念，如生活是可以改变的，鼓舞学生聚焦解决问题。如像这样提问："假设今晚奇迹发生，你的问题就此解决了，而你因为晚上在睡觉不知道这一切已经发生了。第二天起来后，你通过什么，便能知道奇迹已经发生了？"

（3）假设问句。班主任可运用假设问句，让学生聚焦未来，形成期待目标和愿景。如像这样提问："如果有一天，你的困难得到了解决，那么你会看到自己和现在有何不同呢？"

（4）例外问句。班主任可运用例外问句，引导学生看到自己的问题不发生或不严重的时候，从中寻找经验、资源、优势、力量。如像这样提问："以前你有晚自习效率很高的时候吗？那时是如何做到的？"

（5）应对问句。班主任可运用应对问

> 教师是火种，点燃了孩子的心灵之火。

句，帮助学生察觉自己针对问题做出过的自发的处理，特别是一些很小的、被视为理所当然的行为，激发学生发现自己的能量。如像这样提问："上周末你很想出去玩，但是什么力量支撑你继续完成功课的?"

（6）评量问句。班主任可运用评量问句，让学生运用量尺对自己进行打分。如像这样提问："如果让你用1~10分打分，0分代表完全不能控制自己，10分代表理想自控状态，你当前可以给自己打几分?"

（7）关系问句。班主任可运用关系问句，将学生的重要他人囊括进互动脉络中，使学生产生价值感与尊严感。如像这样提问："你认为父母最欣赏你的地方是什么?"

（8）赞美（主要针对学生所做的对他自己有益或有助于目标达成的行动）。如班主任可以像这样提问："一路走来，你做出了怎样的努力？你是怎么做到的?"

> 成人比成才重要，会学比学
> 会重要，进步比领先重要。

（9）"还有呢？"。班主任可运用此问句让学生发挥联想力，深入思考，以找到解决问题的方案。如像这样提问："这样成功的例子还有吗？"

115. 如何指导学生运用"ETA 脱困四问"觉察情绪？

答：班主任可指导学生运用"ETA 脱困四问"审视自己，帮助学生认识到：任何情绪都有它存在的合理性，即使是糟糕的情绪，也是有意义的。

"ETA 脱困四问"是一个多层系统。当学生发现自己困于某件事情或某种情绪中时，可以用"ETA 脱困四问"来重新设定行动。

第一问（情绪，Emotion）：我处在什么情绪之中？给自己的情绪打几分？（找出情

> 教师的工作是教书育人,不光是传授学生知识,更要教学生怎样做人。

绪类别)

第二问(事件,Event):发生了什么?学生尝试客观不带情绪地描述发生了什么事情。如果发现不能客观描述,还带有情绪化的语言,就要返回第一问,继续处理自己的情绪。(挖掘情绪背后的事实)

第三问(目标,Target):我原本想要什么?学生通过描述情绪背后的事实,可以发现产生情绪的原因——某种期望目标未能达到。(找到期望目标差距)

第四问(行动,Action):我如何改进?学生正视自己的问题,找到改变行动从而达到期望目标的方法。(行动改变)

116. 如何指导学生处理负面情绪?

答:(1)合理宣泄。班主任可引导学生在悲伤、生气、难过、愤怒时向自己的家

> 性格的培育是教育的主要目的，虽然它不能算是唯一的目的。

人、朋友倾诉，或用写日记、大哭一场等方式合理宣泄自己的不良情绪。

（2）写情绪日记。班主任可让学生每天把与情绪有关的内容写在日记本上，包括什么时间、什么地点、发生了什么事情，以及自我感受。

（3）深呼吸。班主任可让学生在安静、光线较弱的地方，选择合适的姿势放松身体，然后缓慢地做深呼吸，以平复自己的情绪。

（4）正念暗示。班主任应让学生意识到要学会接纳自己的坏脾气，不要急着逼迫自己冷静下来，可以静静感受自己的内心状态，然后低声对自己的身体说："我知道我正在生气，我觉得委屈、难受……谢谢你让我知道我的感觉。"

（5）转移注意力。班主任可让学生把注意力暂时从让自己心烦意乱的事情上转移，

> 教师的工作是激发孩子对人生无限的好奇心。

去看电影、听音乐、练瑜伽、跑步或做一些有意义的事情。

（6）反向思维。班主任可引导学生换个角度看问题，站在让自己产生负面情绪一方的角度看问题，从而找到解决办法。

117. 如何辨别需要重点关注的学生？

答：对存在下列情况之一的学生，班主任应予以重点关注：

（1）在心理健康普查中被筛选出来的有较严重的心理障碍的学生。

（2）因学习压力过大而出现心理行为异常的学生。

（3）在生活、学习中遭遇突然打击而出现心理或行为异常的学生，如家庭发生重大变故（亲人死亡、父母离异、父母下岗、家庭暴力等）、遭遇性危机（性伤害、性暴力、

> 黑发不知勤学早,白首方悔读书迟。

性侵犯、意外怀孕等)、受到意外(自然灾害、校园暴力、车祸等其他突发事件)刺激的学生。

(4)因个人感情受挫而出现心理或行为异常的学生,如失恋者、单相思而情绪失控的学生。

(5)人际关系失调后出现心理或行为异常的学生,如当众受辱、受惊吓、与同学发生严重人际冲突而被排斥或受歧视、与老师发生严重人际冲突的学生。

(6)性格内向孤僻、严重贫困且出现心理或行为异常的学生。

(7)患某些疾病的学生,如患上传染性肝炎、肺结核、肿瘤等医疗费用高、治疗周期长的疾病的学生。

(8)严重适应不良导致心理或行为异常的学生,如适应不良的新生、就业困难的毕业生。

(9) 由于身边的同学出现个体危机状况而受到影响,产生恐慌、担心、焦虑、困扰的学生,如自杀或他杀者的同宿舍、同班的学生。

118. 心理危机的类别有哪些?主要有哪些危机?

答:心理危机的类别有以下几种:

(1) 发展性危机。如升学考试受挫、发育后生理变化引起心理变化。

(2) 境遇性危机。如遭遇车祸、性侵害。

(3) 生态系统危机。如网络成瘾、禽流感等事件引发的惊恐反应。

(4) 存在性危机。如孤独、死亡威胁、不自由。

主要的心理危机有自杀、自伤、逃逸、

扬黄牛精神,做平凡工作。

欺凌。

119. 如何辨别需要进行危机干预的学生?

答: 对近期发出下列警示信号的学生,班主任应将其作为心理危机干预的重点对象,及时联系心理辅导教师或专业心理机构对其进行危机评估与干预:

(1)谈论过自杀并考虑过自杀方法,包括在信件、日记、图画或乱涂乱画的只言片语中流露出死亡念头。如:直接向人说"我想死","我不想活了";间接向人说"我所有的问题马上就要结束了","现在没有人能够帮助我","没有我,他们会过得更好","我再也受不了了","我的生活毫无意义"。

(2)突然给同学、朋友或家人送礼物、赔礼道歉、致以祝福,向他们述说告别的

> 教师不存在的地方，无知就变成了聪慧。

话等。

（3）情绪明显异常，如特别烦躁，高度焦虑、恐惧，易冲动，情绪异常低落，情绪突然从低落变为平静等。

120. 当学生面临危机时，班主任适合说什么？

答： 当学生面临危机时，班主任主要是倾听、陪伴，可以提供热饮、毛毯或软靠垫等，并及时向领导汇报和寻求专业人士帮助，忌讲道理。班主任适合这样说：

（1）对于你所经历的痛苦和危险，我感到很难过。

（2）你可以哭泣、愤怒等，但你要表达出来。

（3）你现在安全了（如果学生确实是安全的）。

> 教师要努力使学生得法于课内，得益于课外。

（4）这不是你的错。

（5）你的反应是遇到不寻常的事件时的正常反应。

（6）你有这样的感觉是很正常的。每个有类似经历的人都可能有这样的感觉。

（7）看到/听到/感受到/闻到这些一定令你很难过/痛苦。

（8）事情可能不会一直这样发展下去。它会好起来的，你也会好起来的。

121. 当学生面临危机时，班主任不适合说什么？

答：（1）我知道你的感觉是什么。

（2）你是幸运的，还有比你更不幸的呢。

（3）你会走出来的。

（4）你不会有事的，所有的事都不会有

问题的。

  (5) 你不应该有这种感觉。

  (6) 时间会治疗一切创伤。

  (7) 你应该回到生活中继续过下去。

生命刻度尺,且行且珍惜

活动目的

让学生感悟成长,认识自我,认识到生命的宝贵。

活动过程

(1)活动前:准备线索条、小卡片,彩笔(学生自备),布置舞台。

(2)活动中:

学生在起点(校门口),用彩笔在纸片上画出起点和线条(起点符号由学生自己确定),完成任务"牙牙学语",重复每一句话中的偶数个字(模拟婴儿学说话的情景),换取下一个地点的线索。

学生根据线索来到第二个地点(主题入学仪式),用彩笔在生命刻度尺上画出代表7岁的记号,完成任务"初入校园",临写数字1、2、3和汉语拼音a、o、e,并在纸

> 人应该拥有两样东西：一盏永不熄灭的希望之灯，一扇长开的接纳之窗。

片上写下能回忆起的一年级时发生的事情，换取下一个地点的线索。

学生根据线索来到第三个地点（主题成长仪式），用彩笔在生命刻度尺上画出代表10岁的记号，完成任务"小鬼当家"，列一张家庭一日开支计划，并在背面写出为家庭做过的家务，换取下一个地点的线索。

学生根据线索来到第四个地点（主题青春仪式），用彩笔在生命刻度尺上画出代表14岁的记号，完成任务"时空驿站"，给18岁的自己写一封信，换取下一个地点的线索。

学生根据线索来到第五个地点（主题成人仪式），用彩笔在生命刻度尺上画出代表18岁的记号，完成任务"畅谈未来"，打开自己的信件，登上舞台进行朗读，然后在台下写出自己能为未来做的事情。

（3）活动后：写下感想。

人生刻度尺，且行且珍惜

活动目的

让学生改变对生命的态度，不要轻易放弃自己的生命；促进学生对人生的思考，让学生体验人生选择的艰难，认清人生价值；让学生学会规划人生，用积极的心态面对人生。

活动准备

印有人生刻度尺的纸张及 A4 纸若干张。

（1）故事概括：一个女孩从 11 楼跳下去，看到每一层楼的人们都有他们的困境，然后深深地觉得自己其实过得还不错。在她跳下去之前，她觉得自己是世界上最倒霉的人，现在她才知道每个人都有不为人知的困境。

教师引导语：跳下去，多么轻易的一个举动。这个女孩在跳下去后醒悟过来，发现

成功的教学往往在细微处见精神显功力。

其实自己过得还不错,原来"家家有本难念的经",每个人都有自己不为人知的困境。只是,她再也没有重新选择的机会了。大家在为这个女孩的生命感到惋惜的同时,需要做一些理性的思考。

(2)设计问题,小组讨论。

① 你觉得这个女孩脱离困境了吗?

② 你有什么感受?

学生分组讨论,归纳想法,并派代表发言。

主题活动一:人生刻度尺

教师引导语:人生有长有短。平时我们当中有人会感叹人生苦短——用"转眼""瞬间""光阴似箭""逝者如斯夫"等来形容人生之短暂,恨不得时光倒流,重来一次;也有人觉得"度日如年",恨不得早点结束自己的一生。1年有365天,1天有24小时,1小时有60分钟,1分钟有60秒,

> 能做老师的人必定是不平凡的人,因为教育事业本身就是不平凡的事业。

那么一生有多少秒呢?这是很庞大的数字!我们不妨对生命的时间做一次可视性的探索。

请每位同学取出画在纸上的代表人生长度的人生刻度尺。

(1)撕一撕。

① 请问你现在几岁?(撕掉前面的纸)

② 请问你想活到几岁?(撕掉后面的纸)

(2)算一算。

① 你还剩下多少年?

② 在这几十年中,有多少时间要用来睡觉休息?(1/3)有多少时间要用来吃饭、娱乐、休闲、发呆?(……)还剩下多少时间可以用来学习、工作?(……)

(3)想一想。

> 把简单的事情做彻底,把平凡的事情做经典,把每一件小事都做得更精彩。

① 在人生刻度尺上,真正用于努力奋斗的长度有多少?

② 你有何感想?

③ 你如何看待你的未来?

教师小结:人生的长度是有限的。我们能做的只有拓宽人生的宽度,提高人生的高度。那么你的人生将有多宽、多高?怎样才能拓宽人生的宽度,提高人生的高度呢?

主题活动二:人生八宝箱

(1) 制作"人生八宝箱"。

把 A4 纸对折三次,打开后便得到八个格子,这就是"人生八宝箱"。

(2) 价值大盘点。

学生配合舒缓的音乐,闭上眼睛回顾自己人生中的每一次选择,想象今后可能面临的选择,然后仔细地盘点一下:"我的人生中最重要的是什么?"

> 教师的职业是神圣的,是光辉的,是荣耀的。

教师引导语:

每个人的人生都是一连串选择的过程。我们的人生道路时时刻刻都充满着选择。正是这些选择带我们进入了现在的生活,也影响到我们以后的人生发展轨迹。我们曾经面临过许许多多的选择,今后还将面临更多的选择。在所有的选择中,哪些是你非常在意的,哪些是你认为不太重要的?

请你在这些重要的东西中选取其中最重要的八样,收藏进你的"人生八宝箱"。注意:这些收藏品不能重复,并且一个格子只能容纳一样收藏品。

现在,每个人都拥有了一个属于自己的"人生八宝箱",里面放满了你人生中最重要的八样东西。这些东西都很重要,但如果你仔细地观察,就会发现,这些东西在人生中的有些时刻是相互矛盾的,比如,健康和金钱,金钱和朋友……如果你选择其中的一

> 以仁治校，以爱执教，以诚待人，才可融社会、学校、师生为一体。

样，可能就需要放弃另一样。每个人在选择前后的观点不一定一样，但我相信每个人的选择都会有自己的考虑。

主题活动三：漂流人生长河

过渡语：接下来，我们就要开始漂流人生长河了。我们每做完一次选择，就找到该宝物的位置，并将其所在的格子撕下来，同时按照选择放弃的顺序排列。

教师引导语：沿着人生长河，带着"人生八宝箱"，我们乘坐自己的小船从起点出发了。一路上风波不断。第一次出发后，我们的船超重了。我们需要打开"人生八宝箱"，挑出其中一件收藏品扔进河里。第二次出发后，电闪雷鸣。我们又需要取出一件收藏品以渡过难关。第三次出发后，我们遇到了一场风暴。我们的船无法前进了。我们又得无奈地抛弃其中一件收藏品，以继续航行。第四次出发后，前方出现了一片暗礁。

> 能得到家长和孩子的尊敬和喜爱,是教师的价值所在。

我们需要再次做出选择以换取顺利航行。第五次出发后,人生百慕大三角出现了,漩涡接踵而来。我们不得不又做出选择。庆幸的是,在我们做出这五次选择之后,终于风平浪静,我们可以暂时缓下脚步,打开手里的箱子,看看里面还剩下什么。

学生分组讨论,然后选取代表发言:

① 你认为人生中最重要的八样东西是什么?

② 你最先丢掉的是什么?依次丢掉的是什么?

③ 这些宝贝会对你的人生带来什么影响?

④ 最后你留下了哪三样宝贝?留下它们的理由是什么?

教师总结:通过以上系列活动,我们认识到,在有限的人生长度中,只有拓宽人生的宽度,提高人生的高度,才能扩大人生的

> 每一个学生都是一本深奥的书。我要用毕生的精力去读懂每一本书。

容量,使有限的人生变得更有质量。我们不能无限延长自己人生的长度,但是我们可以决定自己人生的宽度和高度。希望大家珍惜时间,珍爱生命,树立正确的价值观,让自己的人生更加精彩!

教 育 心 得

教育心得